Le *feu* au cœur

Catalogage avant publication de Bibliothèque et Archives Canada

Cushnir, Raphael

Le feu au cœur: assumer ses choix et vivre sans peur

Traduction de: Setting your heart on fire.

1. Morale pratique. 2. Amour. 3. Choix (Psychologie). 4. Réalisation de soi.
I. Titre.

BF637.C5C8814 2004 177'.7 C2004-940956-5

DISTRIBUTEURS EXCLUSIFS:

- Pour le Canada
  et les États-Unis:
  MESSAGERIES ADP*
  955, rue Amherst
  Montréal, Québec
  H2L 3K4
  Tél.: (514) 523-1182
  Télécopieur: (514) 939-0406
  * Filiale de Sogides ltée

- Pour la France et les autres pays:
  INTERFORUM
  Immeuble Paryseine, 3, Allée de la Seine
  94854 Ivry Cedex
  Tél.: 01 49 59 11 89/91
  Télécopieur: 01 49 59 11 96
  Commandes: Tél.: 02 38 32 71 00
  Télécopieur: 02 38 32 71 28

- Pour la Suisse:
  INTERFORUM SUISSE
  Case postale 69 - 1701 Fribourg - Suisse
  Tél.: (41-26) 460-80-60
  Télécopieur: (41-26) 460-80-68
  Internet: www.havas.ch
  Email: office@havas.ch
  DISTRIBUTION: OLF SA
  Z.I. 3, Corminbœuf
  Case postale 1061
  CH-1701 FRIBOURG
  Commandes: Tél.: (41-26) 467-53-33
  Télécopieur: (41-26) 467-54-66

- Pour la Belgique et le Luxembourg:
  INTERFORUM BENELUX
  Boulevard de l'Europe 117
  B-1301 Wavre
  Tél.: (010) 42-03-20
  Télécopieur: (010) 41-20-24
  http://www.vups.be
  Email: info@vups.be

Pour en savoir davantage sur nos publications,
visitez notre site: **www.edhomme.com**
Autres sites à visiter: www.edjour.com
www.edtypo.com • www.edvlb.com
www.edhexagone.com • www.edutilis.com

L'ouvrage original américain a été publié par
Broadway Books,
succursale de Random House, Inc.,
sous le titre *Setting Your Heart on Fire*

Dépôt légal: 4e trimestre 2004
Bibliothèque nationale du Québec

ISBN 2-7619-1874-6

Gouvernement du Québec – Programme de crédit d'impôt pour l'édition de livres – Gestion SODEC – www.sodec.gouv.qc.ca

L'Éditeur bénéficie du soutien de la Société de développement des entreprises culturelles du Québec pour son programme d'édition.

Nous reconnaissons l'aide financière du gouvernement du Canada par l'entremise du Programme d'aide au développement de l'industrie de l'édition (PADIÉ) pour nos activités d'édition.

Raphael
CUSHNIR

Le *feu* au cœur

Assumer ses choix et vivre sans peur

Traduit de l'américain par Jean Bouchart d'Orval

LES ÉDITIONS DE
L'HOMME

Un jour, après nous être rendus maîtres des vents,
des vagues, de la marée et de la gravitation,
nous harnacherons pour Dieu les énergies de l'amour.
Alors, pour la seconde fois dans son histoire,
l'humanité aura découvert le feu.

Pierre Teilhard de Chardin

Introduction

Le livre traite de l'amour. Il y a eu plus de livres écrits sur ce sujet que sur tout autre. Alors pourquoi en écrire encore un ? La réponse réside dans cette distinction cruciale : l'amour que nous allons explorer n'est ni romantique, ni érotique, ni familial, ni platonique. Il existe plutôt avant tout type d'expression particulier et séparément de lui.

Cet amour constitue une force dynamique et primordiale. C'est l'aiguillon de l'univers qui incite à l'accueil, à l'unité et à la dissolution de toute division. Qu'il soit subtil ou irrésistible, direct ou diffus, son but demeure toujours le même. L'amour unit.

L'amour tel que nous en faisons l'expérience est sublime. Il monte dans le cœur, irradie et fait rayonner notre être au complet. Ce sentiment est si exquis que nous le pourchassons comme s'il s'agissait de la denrée la plus rare. Nous faisons tout ce que nous pouvons pour le trouver, pour le mériter et pour le conserver. Que nous en soyons conscients ou non, cette quête est à la base de bon nombre de nos autres quêtes, même quand elles semblent éloignées de nous.

Toutefois, très tôt, nous prenons une décision malheureuse et coûteuse : nous ne nous permettons pas de ressentir l'amour à moins qu'il ne se manifeste en nous sous la forme du désir. Quand nos parents nous désapprouvent ou nous abandonnent, nous nous éloignons de l'amour comme s'il était le coupable. Quand la personne aimée n'est pas à la hauteur de nos ardeurs, le monde nous semble soudain aride et dépourvu d'amour. Il en va de même pour les échecs, les infortunes et toutes les déceptions de la vie. De tels événements éveillent en nous une pensée secrète : ne serions-nous pas les seuls artisans de nos malheurs? Nous nous jugeons malchanceux, nuls, indignes d'amour.

Ironiquement, notre irrésistible besoin d'amour peut souvent nous rendre aveugles à sa présence constante. En fait, l'amour est toujours là, peu importent les circonstances, et il ne dépend d'absolument rien. Permettez-moi de partager avec vous un secret de Polichinelle: l'amour vous attend. Peut-être pas sous la forme que vous espérez ou dont vous croyez avoir besoin, mais plutôt dépourvu de toute forme. C'est un aspect du divin qui imprègne toute la création et qui ne dit jamais «non».

Nous voulons l'amour. En vérité, nous le revendiquons. Mais nous nous arrêtons rarement pour nous demander ce que l'amour exige de nous.

N'est-il pas temps?

Avant d'aller plus loin, j'aimerais expliquer comment ce livre a vu le jour. En 1995, après une période très douloureuse, j'ai connu une transformation personnelle et spirituelle. Cinq ans plus tard, j'ai écrit ce que j'ai appris de cette transformation dans mon premier livre: *Unconditional Bliss: Finding Happiness in the Face of Hardship*. Ce livre décrit une méthode simple pour devenir plus présent à chaque moment, surtout les plus difficiles, et pour surmonter les blocages persistants. Cette méthode se nomme *vivre les questions* et, depuis que je l'ai exposée, je n'ai pas cessé de parcourir les États-Unis. Je *vis les questions* avec les gens au cours d'ateliers, de retraites, dans des écoles, des centres spirituels et des maisons privées; le courage dont ils font montre dans la guérison de leurs plus profondes blessures m'inspire toujours l'humilité.

Dans la foulée de leur autoguérison, plusieurs de ces personnes ressentent une gratitude nouvelle à l'égard de la vie même à laquelle elles résistaient naguère. Au lieu de l'amertume et de la frustration, elles éprouvent souvent un grand amour pour tous et pour tout, même pour ceux qui les ont le plus blessées. Quand l'amour mis à mal par la vie quotidienne s'étiole, est-il surprenant qu'elles veuillent le retrouver? Elles désirent savoir comment faire durer cet amour et le partager avec les autres pour le plus grand bien de tous.

Au début, je ne me sentais pas qualifié pour répondre à leurs demandes. Comment aurais-je pu, ou comment quiconque aurait-il pu, prétendre parler au nom de l'amour ? Mais une voix m'a alors appelé de l'intérieur : *Écoute ton cœur.* Cela aurait pu être une métaphore, mais j'ai décidé de prendre le message au pied de la lettre. J'ai tiré profit de recherches scientifiques récentes démontrant que le cœur possède sa propre intelligence, son propre mode de communication. Encouragé par ces informations, j'ai écouté, attendu et prié pour que cette compétence me vienne.

Ce qui m'a été révélé ne venait donc pas de moi. Ce n'était pas non plus « programmé » et ce n'est pas arrivé de manière ésotérique. Je me suis simplement assis et j'ai écrit, en exploitant toutes mes habiletés, afin de traduire en mots la sagesse de mon cœur. Ce faisant, je me suis rendu compte qu'il n'y a qu'un cœur — le cœur de l'amour — et que nous y sommes tous réunis. Notre tâche consiste moins à apprendre qu'à nous souvenir. C'est donc dans cet esprit que j'offre ce livre, en tant que lecteur et auteur, en espérant qu'il vous stimule autant que moi et qu'il soit un rappel de l'unité que nous sommes.

Ce que l'amour désire

À l'aube du XXIe siècle, les communications sont de plus en plus faciles et le monde se fait plus petit. Les gens de toutes les races, de toutes les classes et de tous les continents sont touchés par ce phénomène. Si la mondialisation apporte d'immenses bienfaits, elle est aussi la cause d'importantes frictions. Il y a moins de ressources et la concurrence pour se les approprier s'intensifie. Les idéologies s'entrechoquent. Les épidémies sévissent. Le terrorisme menace. Tant nos amis que nos ennemis vivent près de nous et il est souvent difficile de les distinguer. L'isolement, jadis une solution raisonnable pour les individus aussi bien que pour les nations, est devenu une utopie. Nous éprouvons aujourd'hui autant de peur que d'espoir, autant de douleur que de joie, et nous connaissons autant de dangers que de situations favorables.

Ce serait une erreur de voir là uniquement une réalité politique. Aucune nouvelle politique, aucune campagne militaire ne peut nous apporter une sécurité durable. Tant que nous croirons être fondamentalement séparés les uns des autres, les choses ne pourront qu'empirer. La bataille du XXIe siècle est donc personnelle. Elle sera gagnée ou perdue en chacun de nous, un cœur à la fois.

Un grand nombre de personnes ont déjà compris cela. Elles ont commencé à faire le point sur elles-mêmes dans le sens le plus profond. Cela peut s'exprimer ou non à travers une religion, une organisation ou une quelconque affiliation. Mais cela demande toujours d'écarter les restrictions issues du passé, d'éclairer les ombres et de libérer la puissance d'une vie authentique.

Voilà ce que veut l'amour. Mais ce n'est que le commencement.

Vivre en harmonie avec l'amour consiste à embraser votre cœur. Dans le creuset d'une telle fournaise, toute convention se consume. Ce qui demeure est un tout nouveau genre d'existence, une existence remplie de passion, de présence et de possibilités infinies.

Les invitations qui suivent sont des étincelles destinées à allumer votre brasier. Les illuminations qui les accompagnent sont le vent qui active les flammes. À mesure que vous vous ouvrirez à cette lumière incandescente, l'amour, inévitablement, vous engloutira. Vous n'allez pas seulement le comprendre ou le sentir, vous allez incarner l'amour dans tout ce que vous direz et ferez.

Cette incarnation de l'amour est aussi pratique que poétique. Elle recouvrira certes vos moments d'intimité d'un nouveau lustre, mais elle changera aussi votre manière de faire face au stress et à l'adversité. L'amour vous montrera le chemin au moment où vous vous y attendrez le moins: dans des moments d'angoisse, de dépression, de solitude, de maladie, de souffrance et de conflit.

Un chemin pour la vie

Le triomphe de l'amour, bien qu'il soit enveloppant, ne se fait pas sentir sur-le-champ. Chaque invitation exige une bonne dose de patience et de pratique. Après les avoir toutes lues pour avoir une idée globale, vous souhaiterez peut-être revenir à la première et les revoir plus attentivement une par une. Au début tout spécialement, plusieurs des changements de perspective que ces invitations requièrent pourront sembler difficiles. Elles exigeront un examen honnête de vos croyances les plus profondes et de vos comportements les plus incrustés. Si l'une de ces croyances ou l'un de ces comportements vous interdisent un accès plus grand à l'amour, vous recevrez des instructions sur la manière de les transformer étape par étape.

Ces étapes peuvent souvent engendrer des « douleurs croissantes » ou de brèves périodes de frustration ou de désorientation. Peut-être vous faudra-t-il un mois ou plus pour que vous ressentiez bien et intégriez chaque invitation. Il peut être utile de discuter des invitations avec des amis ou au sein d'un groupe structuré. Mais même là, la plupart des résultats se manifesteront de manière subtile et graduelle. En fait, les sept invitations prises ensemble constituent le chemin spirituel d'une vie entière.

Le fait de garder à l'esprit cette perspective à long terme enrichira grandement votre voyage. Sinon, vous pourriez aller trop vite, faire trop d'efforts ou exiger de vous-même plus qu'il ne faut. Cela créerait en vous de la tension et de la résistance et, vous le constateriez rapidement, ferait obstacle à l'amour.

Chaque invitation est conçue pour établir un équilibre délicat et vous rejoindre exactement là où vous vous trouvez, sans perdre de vue ce que vous êtes appelé à devenir. Les accepter à votre rythme vous rendra plus fort, plus sage et plus attentionné. Cela désencombrera votre vie en faisant appel à ce qu'il y a de mieux en vous.

Êtes-vous prêt ?

INVOCATION

Amour, parle-moi
Rends-moi disponible
Réceptif
Assez humble pour entendre tes mots
Assez fort pour vivre ta lumière
Pour rencontrer ton regard dans toutes choses
Pour les bénir, me joindre à elles
Au fond de ton cœur sacré

La première invitation

Tout ressentir

Nous tuons parfois notre cœur
afin de ne plus rien sentir.

Tennessee Williams

Dans la première invitation, l'amour vous convie
à ressentir pleinement vos émotions.
Pour ce faire, vous devez apprendre à déterminer
quand et pourquoi vous niez vos émotions et acquérir
la capacité de vous y relier de nouveau.

Aimer, c'est s'ouvrir. Aimer complètement, c'est s'ouvrir grand. Lorsque nous sommes grands ouverts, l'amour accourt vers nous et il émane de nous. Nous le reconnaissons comme l'essence de notre existence. Naturellement, sans effort, l'illusion de la séparation s'évanouit. Nous faisons l'expérience de nous-mêmes comme un grand tout indissociable de tout ce que nous percevons.

Or, trop souvent, nous reculons devant l'expérience de l'unité, puis nous nous y habituons. Nous en venons à confondre le mensonge de la restriction avec la vérité sans limite de l'amour. Nous nous permettons d'aimer notre famille, nos amis et notre pays, mais nous nous arrêtons là. Nous offrons notre amour à Dieu, mais nous ne l'offrons pas à sa divine création. Pourtant rien de tout cela n'est irréversible. Rien, hormis notre refus, ne peut nous empêcher de nous relier de nouveau.

Pensez à la première fois que vous êtes tombé amoureux. Rappelez-vous combien tout semblait en quelque sorte différent, combien l'univers entier semblait être en harmonie, joyeux et bienveillant. Vos sens étaient exaltés, votre sang bouillait. Les ennuis quotidiens étaient une source d'étonnement. Les personnes bourrues semblaient soudain merveilleuses. Tous vos problèmes, hier encore insurmontables, semblaient alors n'être que de petits obstacles.

Malheureusement, cela n'a pas duré. Cela dure rarement. Mais peu importe la durée de votre envoûtement, tomber amoureux vous a rappelé la portée immense de l'amour. Après coup, si vous êtes comme la plupart des gens, vous vous êtes rapidement mis à la recherche de la prochaine personne qui pourrait miraculeusement vous ramener pour de bon à cet enchantement.

Vous *pouvez* sentir cet enchantement en tout temps. L'amour est vôtre en l'absence de tout partenaire, de tout objet, une fois que vous êtes disposé à tout ressentir. Accepter la première invitation signifie approcher chaque moment comme la personne dont vous êtes amoureux. Vous ne sentez pas seulement le moment, vous le désirez, vous le laissez rugir en vous, et vous allez à sa rencontre avec la même intensité.

Quand le moment apporte du plaisir, une telle ouverture est facile. Mais lorsqu'il est source de frustration ou de douleur, votre réaction est probablement exactement à l'opposé. Vous vous fermez. La fermeture constitue votre réponse instinctive à toute émotion que vous n'aimez pas ou que vous ne voulez pas. C'est votre façon de dire « éloignez de moi ce sentiment », ou « emmenez-moi loin de lui ».

Chaque fois que vous vous fermez, vous cessez d'être disponible pour l'amour. Bien que cette réponse initiale soit inévitable, vous pouvez toujours choisir d'aller au-delà. Pour cela, vous devez accueillir toutes vos émotions, même la plus pénible. Ce faisant, vous vous ouvrez inévitablement et vous gagnez un accès immédiat à l'amour, même pendant les épreuves. Quand vous accueillez la plénitude de la vie, avec toutes ses épreuves et ses traumatismes, l'amour vous accueille en retour.

Tout cela se produit uniquement dans le présent, un moment à la fois. Afin de déterminer si vous êtes disponible ou fermé, vous devez porter votre attention sur le présent. La meilleure façon d'y arriver consiste à concentrer votre attention sur votre corps et à apprendre à détecter vos réactions au stress qui indiquent une fermeture. Ces réactions se manifestent dans le corps, car c'est là qu'existent les émotions. C'est la nature des émotions de résonner dans tout le corps aussi rapidement que possible. Elles y parviennent toujours, à moins que vous ne les bloquiez en vous fermant. Pendant une fermeture, vous vous surprendrez peut-être à avoir un air renfrogné, les épaules tendues, la respiration difficile, ou tout cela en même temps. Nous sommes tous uniques dans nos réponses et nos symptômes, mais plus vous y êtes attentif, plus ils deviennent évidents.

Observez. Continuez à observer. Observez jusqu'à ce que les premiers symptômes de fermeture sonnent l'alarme dans tout votre être.

Peu importe comment elle se manifeste, une fermeture signifie une seule chose: il existe une émotion que vous ne ressentez pas. Pourquoi ne la ressentez-vous pas? Parce que vous avez peur. Vous craignez que la ressentir soit pire que de ne pas la ressentir. En réalité, il n'en est ainsi que très rarement. Vous pouvez choisir d'éviter les situations qui suscitent un sentiment particulier, mais vous ne pouvez vous protéger d'un sentiment une fois qu'il surgit. Toute tentative pour vous en protéger, même bien intentionnée, ne fera que maintenir votre fermeture.

Le besoin de ressentir constitue un trait fondamental chez l'être humain; il est aussi vital que le besoin de nourriture. La plupart d'entre nous n'envisageraient pas de se priver de nourriture, mais nous nous privons pourtant quotidiennement sur le plan émotionnel.

Nous nous racontons sans cesse des histoires pour justifier le fait que nous ne pouvons pas ou ne voulons pas ressentir. «Je suis trop faible», par exemple, ou «je suis trop occupé», ou «tout le monde va croire que j'ai le cerveau détraqué». Certaines de ces histoires ont quelque chose à voir avec la manière dont nous nous percevons, d'autres, avec la manière dont les autres nous perçoivent. Mais toutes pointent en direction d'une vérité fondamentale: se laisser aller à des sentiments non désirés signifie abandonner toute forme de maîtrise de soi. Il en est ainsi, peu importe que nous évitions la plupart des sentiments ou que nous ayons appris à les accepter sauf quelques-uns.

Nous ne pouvons pas maîtriser nos sentiments, parce qu'ils font partie de notre force vitale même. Ils possèdent leur volonté propre, aussi puissante que le courant d'une rivière en crue. Nous ne savons jamais combien de temps nous allons nous sentir insultés, désespérés, rancuniers ou seuls. Cette incapacité à le prévoir est aussi frustrante qu'incommode. En conséquence, au lieu de laisser les sentiments tout simplement nous traverser, nous nous hérissons contre eux, nous tâchons de maintenir à bonne distance cet imprévisible désordre.

Le problème est que les sentiments ne se trouvent jamais *à bonne distance,* mais sont toujours *ici*. Une fois qu'ils nous ont dans leur mire, ils ne peuvent aller nulle part ailleurs. Les sentiments rejetés deviennent stagnants, putrides et finalement empoisonnés. Toutes ces prétendues victoires sur les émotions rétives, cette maîtrise de soi se transforment en défaites dont les noms sont dépression, cancer, obésité, maladie coronarienne et accident vasculaire cérébral.

Pourtant, vous savez tout cela, bien sûr. D'une certaine manière, vous l'avez toujours su. C'est pour cette raison qu'il est tellement facile de l'ignorer. Voilà pourquoi ressentir les émotions constitue la première invitation. Les six autres invitations s'appuient sur cet engagement à ressentir les émotions. Sinon, tout n'est que discours et idéaux desséchés et austères.

Une fois reconnue l'importance de tout ressentir, il convient d'établir trois distinctions. Premièrement, tout ressentir ne veut pas dire tout *exprimer*. Il se peut que vous hésitiez devant ce que vous ressentez parce que vous confondez les deux; vous croyez que permettre à vos émotions de circuler vous mènera au mélodrame et au narcissisme. Bien que, parfois, rien ne soit plus approprié que de pleurer, décharger sa bile, sauter de joie ou chanter à pleins poumons, en d'autres occasions de tels débordements extérieurs ne conviennent pas. Dans sa sagesse, l'amour vous laisse décider. Parfois, exprimer vos sentiments peut vous sembler égoïste, réactionnel ou contre-productif. Voilà pourquoi vous demeurez toujours libre d'évaluer la situation et ensuite de décider de vous exprimer maintenant, plus tard ou pas du tout.

Deuxièmement, tout ressentir ne signifie pas tout *exagérer*. L'exagération peut revêtir plusieurs formes. Peut-être vous accrochez-vous à des sentiments, même quand ils sont sur le point de s'estomper, au lieu de les laisser suivre leur cours naturel. Peut-être les analysez-vous de manière obsessionnelle au lieu de simplement les laisser être. Peut-être devenez-vous trop émotif, au point de ne plus être parfaitement authentique, oubliant que chacun vit les émotions de manière unique. Ces exagérations vous empêchent d'accepter la première invitation. En fait, influencer la libre circulation des sentiments constitue une façon subtile de la repousser.

Finalement, tout ressentir ne veut pas dire tout *endurer*. Il n'est pas nécessaire de vous résigner, de vous soumettre ni de vous transformer en victime de circonstances que vous pouvez par ailleurs changer. À vrai dire, rester réceptif aux émotions conduit à l'inverse. Cela vous revigore, en puisant dans la réserve d'énergie attachée aux émotions. En demeurant ouvert, vous devenez plus créatif, plus attentif à ce qui vous convient le mieux. Souvent, dès que vous prêtez attention à vos émotions, l'action juste apparaît.

L'ouverture aux émotions vous permet de ne pas «jouer» de manière réactionnelle. On observe souvent ce type de jeu chez les enfants, mais il fait des ravages bien plus grands chez les adultes. Il consiste à agir de manière à démontrer ce que vous ne pouvez exprimer directement. Cela peut prendre la forme d'actes anodins, comme faire une remarque désagréable au lieu d'exprimer directement la blessure qui en est à l'origine. Cela peut aussi se traduire par des actions plus graves, comme avoir une aventure en réaction à une mésentente conjugale. En vérité, la plupart des gens passent leur vie à jouer ainsi. Le caractère urgent des buts qu'ils visent constitue un indice de ce qui se trame à l'intérieur. Ainsi, un besoin désespéré de richesse peut provenir d'une profonde insécurité. De même, ce qui vous pousse à rechercher la renommée ou le prestige, c'est souvent un sentiment d'infériorité.

Devant ces deux exemples, vous vous demandez peut-être pourquoi le fait de jouer est mauvais. Si la fermeture par rapport à l'insécurité et à la dévalorisation peut mener à la richesse et à la renommée, n'est-ce pas transformer le négatif en positif? Il en serait ainsi si les sentiments à la source se dissipaient, mais ils le font rarement. Les réalisations qui apporteraient une véritable satisfaction à d'autres personnes sonnent ici plutôt faux.

En matière de ressenti, la seule issue consiste à passer au travers. C'est aussi simple que cela. Ce qui est merveilleux, quand nous nous ouvrons à tous les sentiments, même ceux que nous jugeons négatifs, c'est qu'ils finissent par nous laisser. Au début, tout ressentir peut avoir l'air d'une annihilation, comme si l'on était submergé par une série de vagues émotionnelles. En fait, c'est le contraire qui est vrai. En abandonnant notre illusion de nous maîtriser, nous parvenons à un sentiment durable d'authenticité. Cette authenticité donne naissance à une puissance et à une liberté accrues, ainsi qu'à une révélation étonnante:

Plus nous ressentons les émotions, plus nous aimons, et plus nous aimons, plus l'amour vient à nous.

La lumière sur la première invitation

Le sage s'abandonne à ce qu'apporte le moment.

Lao-Tseu

La percée

C'est en reconnaissant la fermeture aux sentiments que commence la disponibilité émotionnelle.

Pour vous ouvrir à vos sentiments, vous devez y être attentif. L'attention au ressenti est un acte simple. Simple mais pas facile. Être attentif de manière constante exige de rompre avec des habitudes qui ont pu se développer durant plusieurs décennies. Même les grands experts en méditation, capables de suivre en silence le mouvement de leurs pensées et de leurs émotions durant des heures, peuvent perdre toute capacité d'attention dans des situations émotionnellement chargées.

Rappelez-vous que sentir ne veut pas dire exprimer, exagérer ou jouer de manière réactionnelle. Tout ce qu'il faut, c'est une attention douce ; il faut se tourner vers ce qui est déjà présent. Au début de votre entraînement, ce qui est présent est souvent une absence de ressenti, en d'autres mots une fermeture. Les fermetures ne sont pas nécessairement grandes et dramatiques ; elles peuvent être petites et mêlées aux événements quotidiens. Les premières fermetures peuvent survenir avant même que vous ouvriez les yeux le matin.

Je ne veux pas aller au travail. Qui fait tout ce bruit ? Le maudit chat est dans mes jambes.

Malgré leur apparente insignifiance, de telles pensées constituent souvent le signe que vous fuyez le moment au lieu de vous y ouvrir. Si vous n'avez pas encore décelé de tension dans votre corps, elles constituent un rappel qu'il est temps d'y voir. Plus tôt vous y regardez, plus facile il est de vous ouvrir de nouveau. Voilà pourquoi même un petit indice de fermeture est digne de votre totale attention.

Je ne peux supporter cette circulation. Mon bureau est en désordre. Pourquoi m'a-t-elle jeté ce regard méchant?

Pensez à quelque chose ou à quelqu'un qui vous a vraiment importuné dernièrement. Pendant un moment, demeurez avec cette pensée, même si c'est déplaisant. Laissez monter sans opposition toute la frustration qu'elle suscite. Cela va engendrer une fermeture délibérée. Soyez maintenant attentif à votre corps. Où est localisée la fermeture? Vous sentirez peut-être le battement de vos tempes, le froncement des sourcils ou la contraction des mâchoires. Vous aurez peut-être la gorge serrée ou l'estomac noué. Quelle région particulière de votre corps attire le plus votre attention?

Une fois reconnu l'endroit de la fermeture principale, maintenez-y votre attention. N'essayez pas de comprendre ce qui s'y passe ni pourquoi. Ne portez aucun jugement, n'essayez pas de changer ce qui émerge ni de le faire disparaître. Ne tentez même pas de le décrire ni de le qualifier (ne vous demandez pas si c'est physique ou émotionnel). Concentrez votre attention seulement sur ce qui surgit. Invitez-le à s'exprimer pleinement. Abandonnez toute attente quant à ce qui devrait arriver ou à la manière dont cela devrait arriver. Soyez assuré que tout ce qui surgit sera juste.

Si votre esprit vagabonde durant ce processus, ramenez-le en douceur. Si vous voyez votre attention dériver vers l'aspect dérangeant du phénomène, ramenez-la à la sensation physique de votre fermeture. Si la sensation se déplace, déplacez votre attention avec elle. Si, mentalement, vous percevez des couleurs ou des images, invitez-les aussi à se manifester pleinement. Assurez-vous de ne rien *rechercher* d'autre que de vous laisser submerger par ce qui surgit. Continuez simplement à être très attentif en accueillant tout ce qui vous vient et tout ce que vous ressentez.

Aussi étrange que cela puisse paraître, cette attention soutenue et ouverte est tout ce qu'il faut pour qu'une fermeture se dissipe. Regardez combien de temps cela prend. Si vous n'étiez pas en état de fermeture avant le début de l'exercice, cela pourrait ne prendre que quelques secondes, tout au plus une minute.

Ces tensions que vous venez de ressentir sont susceptibles de réapparaître chaque fois que vous êtes fermé. Selon les circonstances, elles peuvent apparaître seules ou en combinaison avec d'autres. Mais certaines se manifesteront plus souvent que d'autres. Voilà votre mode de fermeture et il vous est unique. Reconnaître votre mode de fermeture personnel constitue une clé pour devenir plus ouvert aux sentiments, y compris à l'amour. Quand vous êtes fermé, l'accès aux sentiments se trouve restreint. Quand vous êtes ouvert, ils peuvent circuler librement.

Au cours des prochains jours, voyez si vous pouvez discerner vos fermetures quand elles se produisent. Qu'elles soient importantes ou non, soyez-y attentif comme vous venez de l'être durant cet exercice. Vous pouvez faire cela quand vous êtes seul aussi bien qu'en plein cœur de l'action. Votre mode de fermeture personnel deviendra vite évident. Vous serez alors capable de prendre rapidement conscience de vos fermetures et de les reconnaître dès les premiers stades, avant qu'elles ne s'incrustent.

S'il est relativement aisé de discerner les fermetures et d'en faire l'expérience, car elles engendrent des sensations physiques précises, il n'en va pas de même pour l'état d'ouverture, qui est un peu plus subtil. Vous ne pouvez pas le définir, d'autant plus qu'il se présente selon des degrés variables. L'absence de fermeture indique une certaine ouverture, mais celle-ci peut n'être que très mince.

Pour mieux comprendre l'ouverture, imaginez-vous sous la pluie battante sans parapluie. Si vous allez à un rendez-vous et que vous devez porter des vêtements secs, alors la pluie constitue un problème sérieux. Si vous n'êtes attendu nulle part en particulier, mais que vous préférez demeurer au sec, alors la pluie constitue un ennui mineur. Si c'est une chaude journée d'été et que vous appréciez le ruissellement rafraîchissant des gouttes d'eau sur votre corps, alors la pluie est bienvenue. Si vous trouvez délicieuse l'averse et que vous y prenez plaisir, alors vous chérissez vraiment la pluie.

Comme vous vous en doutez, chacune de ces situations correspond à un point du spectre de l'ouverture, du plus faible au plus fort. Bien sûr, la pluie symbolise ce qui vous arrive à chaque moment et votre objectif ultime est de chérir tout ce qu'apporte le moment, c'est-à-dire tant les tragédies que les triomphes, tant les problèmes que les solutions, tant les joies que les peines.

Lorsque vous pouvez vous imprégner de chaque moment tel qu'il est, sans attendre ni avoir besoin qu'il soit différent, alors vous êtes complètement ouvert. Une telle ouverture inonde le corps, l'esprit et le cœur. Cela se fait graduellement et ne peut être précipité. À mesure que vous progresserez dans les invitations, cette ouverture commencera à se manifester naturellement et sans effort de votre part. Être attentif à vos fermetures est la première étape et elle est très importante.

Le langage corporel

Les sentiments, tout comme les fermetures, sont physiques.

À l'exercice précédent, avez-vous noté ce qui se passait après la disparition de votre fermeture ? Fort probablement, cela n'a pas mené à la tranquillité. Comme les fermetures constituent votre manière d'éviter de ressentir, le fait qu'elles se dissipent permet la circulation des émotions. Cela veut dire que vous avez sans doute commencé à sentir des émotions, soit à l'endroit même de votre fermeture ou ailleurs. Si vous êtes attentif, peut-être remarquez-vous que ces émotions grandissent jusqu'à un sommet, puis s'atténuent.

Que nous en soyons conscients ou non, les sentiments se manifestent toujours dans notre corps. Nous les ressentons dans les intestins, dans la poitrine, à l'aine, dans la gorge et même dans les doigts et les orteils. Des sentiments différents surgissent en des endroits différents. Personne ne ressent les choses exactement au même endroit ni exactement de la même manière qu'un autre.

Plusieurs personnes ont fini par perdre leur capacité innée de localiser un sentiment dans le corps. Ainsi, elles peuvent affirmer qu'un sentiment de frustration se trouve dans leur « cerveau ». Mais le cerveau ne peut ressentir quoi que ce soit. Ces gens parlent sans doute d'un mal de tête ou d'une tension à la nuque, ou encore d'une difficulté de concentration.

S'il vous est difficile de localiser un sentiment, tout ce dont vous avez besoin, c'est d'une légère réorientation. Pensez à quelque chose qui vous réjouit et notez tout de suite l'endroit où se localise cette réjouissance. Faites de même pour la tristesse, la peur, la colère et le regret. Vous remarquerez peut-être qu'un sentiment donné résonne dans tout votre corps ou qu'il se déplace. De telles différences existent entre les gens et souvent chez une même personne, selon la situation.

Une fois que vous êtes capable de localiser les émotions dans ce genre de laboratoire, vous pouvez faire de même au cœur de l'action. Chaque fois que surgit un sentiment, demandez-vous où il est situé dans votre corps. Soyez attentif jusqu'à ce que la réponse se présente. Dès que vous connaissez le lieu de résidence d'un sentiment, tâchez de déterminer la nature de ce sentiment. Dans plusieurs cas, c'est très facile, mais certaines émotions sont plus difficiles à cerner. Si vous sentez une émotion, mais que vous n'arrivez pas à l'identifier, ne vous embourbez pas dans la recherche d'un nom. Contentez-vous alors de décrire ce que vous ressentez physiquement. Habituellement, après une brève description, la nature de l'émotion devient rapidement évidente.

Supposons que vous soyez en train de bavarder avec un ami, que vous vous sentiez calme et serein et que, soudain, vous ressentiez une tension dans la gorge. Il ne s'agit pas d'un genre de douleur symptomatique d'une maladie, alors vous vous demandez si cela indique une perturbation émotionnelle. Tandis que la conversation se poursuit, vous concentrez votre attention sur la tension et l'y maintenez. Est-ce de la peur ? de la colère ? Vous n'en êtes pas encore sûr et vous ne voulez pas monopoliser votre attention pour chercher la bonne réponse. Vous demeurez plutôt patiemment présent à la tension et notez en silence ses caractéristiques. Vous sentez que c'est chaud, petit et que ça pince. Il y a aussi une légère pulsation. Après un bref moment passé à la décrire, soudain la tension n'est plus là. Au lieu d'une émotion qui aurait nécessité une plus longue exploration, il ne s'agissait que d'une sensation passagère.

Reprenons le même exemple, mais en commençant différemment. Supposons qu'en plein milieu de la conversation avec votre ami vous fassiez l'expérience d'une fermeture. Vous savez qu'il s'agit d'une fermeture parce que vous êtes maintenant familiarisé avec ses manifestations : pression aux tempes, grincements des dents, etc. La fermeture vous indique à coup sûr qu'une émotion est en jeu ; vous y êtes attentif jusqu'à ce qu'elle se relâche. Dans son sillage, une tension s'installe dans votre gorge. Vous dirigez alors votre attention vers cet endroit, mais l'émotion ne se dissipe pas immédiatement. Vous maintenez donc votre attention sur la tension et vous notez ses caractéristiques. Cette fois, elle ne disparaît pas. Mais, après un certain temps, elle commence à bouger. Elle se déplace sur votre visage. Vos joues deviennent rouges et vos yeux, légèrement humides. D'elle-même, la sensation s'annonce comme de la tristesse.

Si une sensation a un contenu émotionnel, l'attention que vous y portez et la description que vous en faites engendrent presque toujours ce genre de mouvement. Il en est ainsi parce que l'émotion *veut* être comprise. Votre attitude attentive crée le temps et l'espace pour qu'elle s'exprime. Dans certains cas, cette expression s'actualise rapidement, alors que, dans d'autres cas, il faut plus de temps. Maintenir une douce attention permet une rapide clarification de l'émotion. Toute tentative pour forcer une clarification prématurée ne ferait que prolonger le processus.

Comme nous l'avons vu, la douceur et la bienveillance de votre attention amènent la fermeture à se dissiper et permettent à vos émotions de se révéler elles-mêmes. Vous vous demandez peut-être ce qui fait la puissance de cette attention. C'est que 1° cela vous met au diapason du langage de votre corps ; 2° cela vous ramène au présent ; 3° cela favorise votre ouverture ; 4° cela constitue une des manières les plus fondamentales de vous aimer vous-même.

La circulation des émotions

En l'absence d'interférences, les sentiments désagréables disparaissent très vite.

Une fois que vous avez discerné les émotions dans votre corps et que vous vous y êtes arrêté assez longtemps, il vous faut franchir un autre pas : les accueillir de bon gré. À cette fin, vous devez créer une ouverture à vos émotions aussi grande que vous en êtes capable à ce moment.

Plus haut, j'ai eu recours à la métaphore de la pluie pour illustrer les divers degrés d'ouverture. Maintenant, pour expliquer la signification de l'ouverture dans ce contexte, je me servirai de l'eau. Cette fois, au lieu de faire appel à votre imagination, livrez-vous à l'expérience suivante. À moins que le temps ne soit accablant, préparez-vous un bain chaud ou une douche chaude. Entrez-y (sans le livre, bien sûr). Une fois installé, laissez la sensation de chaleur vous pénétrer de part en part. Mettez-y votre complète attention. Dissolvez-vous dans l'eau comme si vous fondiez vraiment.

La véritable ouverture fonctionne exactement de la même manière en ce qui concerne vos émotions. C'est comme si vous vous détendiez et que vous deveniez deux fois plus grand, puis encouragiez vos sentiments à circuler librement à travers l'espace supplémentaire disponible. Si s'ouvrir ainsi à une émotion agréable peut procurer un véritable plaisir, la même démarche quand il s'agit d'une émotion déplaisante constitue un défi bien plus grand. Par contre, une fois que vous avez rassemblé le courage nécessaire, l'émotion fait le reste du travail. Quand on ne la restreint pas, elle ne manque jamais de bouger, de se déplacer et de changer. Elle ne demeure là que le temps qu'il faut et finit par vous quitter.

Si une émotion douloureuse persiste ou s'amplifie et que vous ne l'exagérez d'aucune façon, cela signifie simplement que c'est ce qu'il vous faut ressentir. Quand vous vous demandez s'il est sage de maintenir votre ouverture — envers la peine, la honte ou la morosité —, rappelez-vous que la seule autre possibilité consiste à vous refermer de nouveau. Dans ce cas, on *force* l'émotion à demeurer statique.

L'ouverture à des émotions longtemps refoulées exige non seulement du courage, mais aussi de la patience et de la volonté. En règle générale, plus longtemps les émotions ont été retenues, plus il faut de temps pour qu'elles se libèrent. Dans certains cas, vous êtes peut-être très conscient de ces émotions et vous travaillez sur elles vous-même ou avec l'aide d'un conseiller. Mais il vous arrivera aussi souvent de les éprouver par hasard.

Il est courant de voir un événement insignifiant provoquer une forte réaction émotionnelle. Au début, il se peut que vous soyez confus. Vous exagérerez peut-être l'événement de façon à justifier votre réaction ou, au contraire, vous vous blâmerez pour votre réaction excessive. Par contre, si vous réussissez à passer outre et si vous vous concentrez sur l'émotion elle-même, vous constaterez que celle-ci réveille souvent des souvenirs associés. Vous vous verrez alors soudain catapulté des années en arrière et devrez faire face à un immense réservoir de vieux sentiments. Lorsque c'est le cas, il est préférable d'aller lentement, selon votre propre rythme intérieur. Cependant, le processus est presque toujours plus facile que vous ne l'imaginiez au début. D'importantes libérations se produisent souvent sur-le-champ, ce qui vous motive fortement à poursuivre.

Que ressentez-vous actuellement ? Où le sentez-vous dans votre corps ? Maintenez votre attention à cet endroit quelques moments. Si l'émotion se déplace ou change, suivez-la là où elle va. Ne faites rien d'autre que d'encourager l'émotion à occuper tout l'espace et tout le temps dont elle a besoin. Quand votre esprit vagabonde, ne vous découragez pas. Plutôt, ramenez-le calmement dès que vous en êtes conscient. Si vous ne ressentez que du calme, alors demeurez ainsi. Si vous ne sentez rien, trouvez l'endroit du corps où la sensation est la plus grande et voyez si autre chose surgit.

Beaucoup d'entre nous ont perdu l'habileté innée qui consiste à tenir compagnie aux émotions brutes. Une fois qu'on l'a acquise, on peut l'appliquer en toutes circonstances, même au milieu du chaos ou quand on est bombardé par les émotions des autres. Parfois, nous étouffons le processus involontairement en parlant trop de nos émotions ou en luttant pour les comprendre. Ces deux comportements, même si nous sommes bien intentionnés, peuvent détourner notre attention du ressenti lui-même. Disséquer nos sentiments au lieu de leur laisser libre cours peut être une restriction.

Pensez-y: votre ressenti ne peut exister sans vous. Un manque d'attention directe constitue donc une forme de fermeture. Cela ne signifie pas que vous deviez vous concentrer *uniquement* sur vos sentiments ou que vous ne puissiez pas apprendre quelque chose en en discutant ou en les analysant. Tout ce que cela veut dire, c'est que vous devez être conscient de la circulation des émotions et y demeurer relié.

Les déclencheurs

Certains événements provoquent habituellement une fermeture.

Avant d'aller plus loin, revoyons un peu ce dont nous avons traité. L'amour dont il est question ici est différent de l'amour tel qu'on le définit habituellement. Il ne s'agit pas seulement du sentiment qui nous porte vers les autres. Cet amour n'est pas limité à notre famille, à nos amis, à notre école ou à notre pays. Cet amour est universel. Nous pouvons le ressentir en tout temps, en présence de n'importe quel objet, envers la vie elle-même ; ce peut aussi tout simplement constituer notre attitude de base. Au lieu de créer cet amour, nous y accédons. En devenant disponibles pour nos sentiments et en les laissant circuler librement, nous permettons aussi à l'amour de circuler librement en nous.

Quand nous ne nous sentons pas bien, nous nous fermons. Mais nous pouvons toujours nous rendre de nouveau disponibles en prenant conscience de nos fermetures, en les localisant précisément dans notre corps. Non seulement cette attention amène les fermetures à se dissiper, mais elle nous aide aussi à discerner les sentiments refoulés. Une fois que nous connaissons la nature d'un sentiment et que nous sommes en mesure de le localiser dans notre corps, nous pouvons l'accueillir pleinement. Ce faisant, nous lui laissons tout l'espace et tout le temps nécessaires pour qu'il suive son cours naturel.

Même si vous comprenez cela, et que vous apprenez à tout ressentir, vos fermetures vont continuer à se produire. Un rien peut les déclencher : un mal de dos, une querelle avec un ami, un problème avec la voiture. En étant attentif aux moments où surviennent vos fermetures et à la manière dont elles se manifestent, vous remarquez que certains facteurs reviennent souvent. Ce sont là vos déclencheurs. Il est important de bien les connaître.

Il se peut que vous soyez particulièrement sensible au jugement des autres, à la pression financière ou aux imperfections dans votre apparence. Il se peut que vous soyez affecté par quelques déclencheurs forts ou par de nombreux autres moins importants. Quelle que soit leur nature, la reconnaissance de vos déclencheurs est essentielle pour demeurer disponible.

Connaissez-vous déjà la plupart de vos déclencheurs ? Si c'est le cas, prenez un moment pour les passer en revue. Voyez si vous pouvez en trouver de nouveaux. Si vous n'êtes pas sûr de connaître vos déclencheurs, pensez à ce qui vous met le plus sur la défensive ou vous rend le plus agité. Notez la situation que vous fuyez le plus. S'il vous faut un peu d'aide supplémentaire pour discerner vos déclencheurs, interrogez vos proches. Souvent, les gens qui nous sont chers sentent nos déclencheurs mieux que nous, car ils sont les témoins habituels de nos fermetures.

Quand un de vos déclencheurs entre en jeu, il devient particulièrement difficile de discerner la fermeture qui s'ensuit. Il s'agit d'un réflexe profondément inconscient, habituellement suivi d'une série de pensées et de comportements qui distraient votre attention. Tout de suite après l'entrée en scène d'un de vos déclencheurs, il se peut que vous vous surpreniez à éviter le sentiment en tentant d'en déterminer la cause. Vous cherchez peut-être quelqu'un à blâmer ou vous niez la situation au complet.

Voilà précisément pourquoi la connaissance de vos déclencheurs est si essentielle. S'il se produit un événement qui déclenche normalement une fermeture en vous, envisagez-le comme une invitation à demeurer tout spécialement attentif. Faites-le même — voire surtout — si tout semble normal.

Supposons que la critique déclenche votre fermeture et que les amis avec qui vous voyagez critiquent votre façon de conduire.

Habituellement, vous répondez en «jouant» de manière réactionnelle: vous leur dites de se mêler de leurs affaires. Ou vous êtes peut-être enclin à bouder en silence, en estimant que c'est *leur* faute. Ou vous prétendez qu'il n'y a rien de mal, vous faites une blague et vous changez de sujet; vous vous demandez ensuite pourquoi l'atmosphère est soudain chargée. Toutes ces réactions indiquent un manque de reconnaissance de la fermeture ou d'une émotion qui passe.

Rejouons maintenant cela différemment. Vos passagers critiquent votre manière de conduire. Comme vous savez que la critique constitue un de vos déclencheurs, vous vous doutez qu'une fermeture va survenir. Au lieu de réagir par habitude, vous faites une pause et êtes attentif à votre corps. Vous cherchez le mode de fermeture que vous avez préalablement discerné. Bien sûr, vos épaules sont tendues et votre cœur bat soudain plus vite. Vous savez donc que c'est le moment de vous rendre de nouveau disponible. Vous demeurez conscient de la fermeture jusqu'à ce qu'elle se dissipe, puis vous localisez et discernez les émotions qui s'ensuivent. Vous accueillez tout sentiment qui surgit, peu importe son intensité. Tout cela peut se faire à l'insu des autres ou vous pouvez choisir de les inclure. Avec beaucoup d'entraînement, il est même possible de parler de choses et d'autres durant ce processus.

En abordant ainsi tous vos déclencheurs, vous récoltez de nombreux bienfaits. Vous dissipez vos plus grandes fermetures très rapidement. Vous demeurez disponible plus longtemps et plus souvent. Vous avez accès à votre véritable circulation émotionnelle et vous créez un environnement dans lequel l'amour peut s'épanouir. Comme vous êtes libéré des jeux réactionnels ou de la fuite inconsciente des émotions, les choix que vous opérez sont plus sages et plus satisfaisants. Vous devenez capable de communiquer vos émotions honnêtement et directement. Plus vous vivez ainsi, plus vos déclencheurs perdent de leur puissance.

Les peurs principales

Peu importe votre désir de ressentir,
certaines émotions vous font peut-être encore peur.

Quelle émotion redoutez-vous le plus de ressentir ? Dans le contexte de la première invitation, il n'existe pas de question plus importante. Peut-être avez-vous peur d'émotions aussi communément fuies que la culpabilité et la rage. Peut-être craignez-vous des émotions plus inhabituelles comme la fierté et la joie. Ou peut-être avez-vous surtout peur de la peur elle-même.

Vous interroger sur les émotions que vous craignez le plus de ressentir est une autre façon de diriger votre attention sur les fermetures prédominantes. La simple reconnaissance de ces peurs principales peut commencer à faire fléchir les défenses les plus incrustées. Détendez-vous donc. Posez-vous la question et voyez s'il vient une réponse.

S'il n'y a pas de réponse, passez en revue vos plus grands déclencheurs. Quelles émotions provoquent-ils souvent, surtout après la première réaction ? Dans l'exemple précédent, concernant la critique, c'est peut-être la colère qui se manifeste en premier, pour ensuite céder la place à l'impression d'avoir été blessé, à l'humiliation. Qu'en est-il pour vous ? Y a-t-il un déclencheur qui soit relié à vos peurs principales ? Si ce n'est pas le cas, ou si vous hésitez, voici une autre voie à explorer.

Pensez à ce qui vous est arrivé de pire, non selon les autres ni selon la société en général, mais selon votre propre perception. Il s'agit peut-être d'une maladie, d'une infortune ou d'injures à votre endroit. Ne passez pas votre vie en revue, mais demeurez réceptif et permettez aux souvenirs de surgir. Lorsqu'ils le font, notez les émotions ressenties à ces moments-là.

Puis, imaginez ce qui pourrait vous arriver de pire dans le futur, comme la pauvreté, la trahison ou la dépendance. Laissez les réponses venir de la même manière, sans effort. De plus, notez les émotions que vous ressentiriez probablement en ces circonstances.

Il y a de bonnes chances pour que les émotions associées à vos traumatismes passés soient celles que vous redoutez le plus. Ressentir de telles peurs n'est, bien sûr, pas le moins du monde déshonorant. Cela fait partie intégrante de l'expérience humaine. Même si vous êtes devenu très habile à tout ressentir, une ou plusieurs de ces émotions vous interpelleront probablement encore. Vous serez alors à la hauteur. Vous y ferez face avec détermination, heureux de pouvoir toucher à votre intérieur.

Portrait : la chance d'une grande perte

Laura s'est présentée à son rendez-vous avec moi affligée d'une douleur indescriptible. Une semaine auparavant, elle avait perdu sa sœur jumelle dans un terrible accident de voiture. Sa respiration était à la surface, sa posture, raide et le ton de sa voix, à la fois amer et sceptique. À peine capable de fonctionner, elle avait décidé, en dernier recours, de *vivre les questions**.

Elle a commencé par se poser la première question : « Que se passe-t-il maintenant ? » Ce faisant, elle a porté plus particulièrement attention à son corps ainsi qu'à tout ressenti et toute émotion s'y manifestant.

« Je me sens fatiguée, confia-t-elle. Fatiguée jusque dans mes os. Je veux seulement arrêter, m'effondrer, tout abandonner. »

Puis, Laura s'est posé la deuxième question : « Puis-je exister avec cela ? » Exister avec cela, comme elle l'a appris, veut dire accepter de tout son être que cela arrive à ce moment-là. Elle n'avait pas besoin d'aimer cela ni d'abandonner son désir que ça change ; il lui fallait simplement être complètement disponible.

Laura a donné une chance au processus. Pendant environ une minute, elle est demeurée assise, plongée dans la tristesse. Puis, elle s'est répété la première question : « Que se passe-t-il maintenant ? »

« La fatigue a disparu, a-t-elle dit. Je sens… de la tristesse. Elle monte dans ma gorge. Maintenant, c'est de la peur. Dans mes intestins. J'ai peur que sentir toute la tristesse qui se trouve en moi ne me détruise. Je ne serai plus capable de travailler, de m'occuper de mes enfants ni de faire quoi que ce soit. »

Laura a pris une profonde respiration et a essayé « d'exister avec » la peur, de la laisser circuler en elle à son propre rythme. Peu de temps après, la peur a disparu. Soudain, Laura s'est mise à pleurer, envahie par le chagrin, d'une manière nouvelle depuis la tragédie. Plusieurs larmes et papiers-mouchoirs plus tard, elle m'a confié : « Vous savez, je peux être en colère. Je peux être angoissée. Mais je n'ai jamais appris à être triste. Comprenez-moi bien : j'ai été une épave depuis cet événement. Mais c'était différent. Je m'efforçais de repousser tout cela. »

Laura venait de rencontrer une peur principale, dans ce cas-ci la tristesse, et elle s'y était ouverte vaillamment. Même si la tristesse demeurait, Laura était désormais plus ouverte, naturelle, presque détendue.

Quelques semaines plus tard, elle avait autre chose à confier : « Je suis beaucoup mieux, annonça-t-elle. Ma sœur me manque terriblement, mais je peux vraiment exister avec cela maintenant. Il se produit aussi autre chose. Je sens que je commence à me connaître d'une autre manière. Dans l'acceptation de toute cette tristesse, il y a quelque chose qui n'est pas si triste. D'une certaine manière — c'est étonnant —, je dirais que c'est satisfaisant. »

---

* La description de ce processus, particulièrement efficace quand on l'applique aux peurs principales, se trouve dans mon premier livre, *Unconditional Bliss.*

Des histoires

Derrière toute fermeture, on érige une justification pour ne pas ressentir.

Nos fermetures les plus importantes peuvent demeurer en place longtemps après que nous nous sommes engagés dans le processus visant à les dissiper. Cela tient habituellement aux histoires que nous nous racontons à propos des raisons qui font que nous ne pouvons ou ne devons pas ressentir. Voici quelques-unes de ces histoires habituelles, accompagnées d'un bref examen de la manière dont elles nous égarent.

ÇA VA FAIRE TROP MAL.

En fin de compte, c'est de *ne pas ressentir* qui fait le plus mal. Les émotions refoulées pourrissent en nous et provoquent des dégâts inconscients. Au-delà des sentiments eux-mêmes, nous éprouvons des effets physiques, mentaux et spirituels. Un grand nombre de nos décisions importantes dans la vie, comme le choix d'une carrière ou d'un partenaire amoureux, peuvent être orientées par des émotions étouffées. Même des choix quotidiens peuvent aussi être embrouillés par tout ce que nous réprimons.

Une fois que j'aurai ouvert la vanne, les sentiments ne vont plus cesser de m'inonder.

Rappelez-vous que c'est le *refus* de ressentir qui permet aux émotions de demeurer présentes plus longtemps que souhaité. Plus vite nous ouvrons la vanne, plus vite nos sentiments nous abandonnent. Souvent, ils prennent l'allure d'un torrent à cause de l'énergie déployée pour les retenir. La plupart des émotions, une fois ressenties, semblent plus tolérables que nous ne l'avions jamais imaginé.

Ce n'est pas mon genre.

Tout le monde a besoin de ressentir. La *manière* dont nous ressentons nous rend uniques. Certains d'entre nous sont enclins aux rires et aux sanglots bruyants, alors que d'autres gloussent et pleurent doucement. Mais plusieurs personnes stoïques et impassibles ne se sont pas permis de découvrir leur véritable nature émotionnelle.

Je n'arriverai pas à accomplir quoi que ce soit.

L'ouverture aux émotions est rarement débilitante. Au contraire, elle nous rend *plus* efficaces. En plus de l'énergie et de la sagesse personnelles résultant d'une telle ouverture, nous accédons également à l'énergie sans bornes de la vie elle-même. Or il existe des occasions où, à cause de certaines contraintes de la vie, il est inopportun de ressentir pleinement les émotions. La plupart des situations empreintes de pression ou de contradiction appartiennent à cette catégorie. Voilà pourquoi la première invitation arrive sans calendrier. Vous pourrez toujours ressentir plus tard ce que vous ne pouvez ressentir maintenant.

JE DOIS DEMEURER FORT TANT POUR MOI-MÊME QUE POUR CEUX QUI DÉPENDENT DE MOI.

Semer le chaos sous prétexte de se protéger des vagues d'émotions relève plus de la faiblesse que de la force. Cela vous rend rigide, déprimé et fragile. La force véritable vient en écumant ces vagues émotionnelles, en les accompagnant jusque sur la plage. Répondre de manière authentique constitue le plus grand cadeau que vous puissiez offrir à votre entourage. Cela va déteindre sur eux, qu'ils en soient conscients ou non. Il en ira de même pour tout l'amour qui vient avec une telle disponibilité.

Vous reconnaissez-vous dans l'une de ces histoires ? Êtes-vous conscient de vos propres histoires? Sinon, passez en revue vos peurs primordiales et demandez-vous : « Pourquoi ai-je tellement peur de ces émotions ? Quelles histoires me suis-je racontées à propos de ce qui arriverait si je les ressentais vraiment ? » Soyez patient. Laissez les réponses prendre forme sans les forcer.

Une fois que vous aurez discerné quelques histoires de base, mettez à profit votre compréhension de la première invitation pour les neutraliser. Voici un exemple. Supposons que votre grande peur soit de vous sentir jaloux et que vous ayez tendance à vous refermer dès qu'un bon ami connaît du succès. L'histoire qui s'y associe pourrait être celle-ci : « La jalousie est quelque chose de misérable et de mauvais. Cela va faire fuir mes amis. »

Pour neutraliser cette histoire, vous devez vous rappeler que tout ressentir ne veut pas dire tout exprimer. Vous pouvez sûrement vous sentir submergé de jalousie sans en faire part à qui que ce soit. Et si vous deviez vous confier, le moment et la manière de le faire demeurent à votre entière discrétion. Par contre, si votre préjugé par rapport à la jalousie vous empêche de la ressentir, elle demeurera à bord. Ce que vous refusez de ressentir infectera vos amitiés de toute façon, probablement plus que vous ne l'imaginez et plus que si vous aviez laissé libre cours à vos émotions.

Pour presque tous les cas de fermeture, nous nous racontons au moins une histoire. Et nous inventons sans cesse de nouvelles histoires. La bonne nouvelle est que, de la même manière que pour les fermetures et les déclencheurs, nous pouvons concentrer notre attention sur les histoires. Cela fait appel aux mêmes compétences et celles-ci se perfectionnent à l'usage. Une fois la lumière faite sur une histoire, vous êtes en mesure de la neutraliser. Chaque fois que vous le faites, vous devenez d'autant plus disponible pour le ressenti.

Les gens difficiles

Ceux qui nous dérangent le plus nous ouvrent la voie vers nos émotions enfouies.

Jusqu'à maintenant, nous avons exploré le processus qui consiste à tout ressentir ce qui concerne notre propre personne. Cependant, aucun d'entre nous ne vit complètement seul. Nous rencontrons des gens à la maison, au travail, dans nos loisirs et à l'occasion des innombrables activités que commande la vie moderne. Certaines de ces personnes, comme nous allons le voir, constituent les plus grands déclencheurs.

Il est probable que la plupart de vos rencontres avec les autres — à la station-service, au magasin, au café — ne vous donnent aucun répit. Il y a aussi les gens qui ont le don de vous irriter. Ils peuvent sembler mal élevés, égoïstes ou irrespectueux. Ils peuvent parler sans arrêt ou s'enfermer dans un silence obstiné. Ils peuvent feindre l'ignorance ou croire tout savoir.

Dans le contexte de la première invitation, ces gens sont importants à deux titres. Premièrement, ils possèdent une capacité étonnante de déclencher en vous une fermeture solide et rapide. Deuxièmement, comme tous les déclencheurs, ils attirent votre attention sur des émotions qui demandent à être ressenties.

Afin de demeurer disponible, vous devez apprendre à connaître ce genre de personnes et le type d'interactions qui vous dérangent le plus. Non seulement cela vous aidera à localiser vos fermetures, mais cela vous indiquera aussi les histoires et les peurs primordiales les plus difficiles à débusquer.

Ainsi, si les gens incompétents vous irritent tout particulièrement, cela peut indiquer une peur de perdre le contrôle de vos affaires. La frustration ressentie quand les choses vont de travers peut contribuer à de fréquentes fermetures. Il se peut que l'histoire que vous vous racontez soit que vous devez assurer la bonne marche des choses à tout prix et que, par conséquent, vous ne devez jamais laisser un sentiment de faiblesse ou d'impuissance vous envahir.

Ou encore, si ce sont les gens indifférents qui vous irritent le plus, cela indique peut-être la peur de passer pour une personne insignifiante ou d'être rejeté. Vous vous convainquez peut-être de l'importance de l'attention des gens les uns pour les autres et vous ne vous permettez jamais de vous sentir tout seul.

Il n'existe malheureusement pas de formule pour déterminer à quelle émotion enfouie correspond notre réaction face à une personne donnée. Par exemple, vous vous fermez peut-être devant une personne arrogante parce que vous refusez de ressentir votre propre arrogance. Il se peut aussi que cette arrogance éveille un sentiment d'infériorité enfoui. Observez vos réactions à l'endroit des gens que vous considérez comme difficiles; la meilleure façon de vous assurer que vous avez vraiment mis le doigt sur la bonne chose consiste à vérifier si vous *sentez* que c'est vraiment cela. Cette démarche implique — est-ce une surprise? — d'être attentif à votre corps et d'y rechercher la réponse. Celle-ci peut se présenter sous la forme de sensations dans les intestins, de vibrations dans la poitrine ou d'une impression générale que c'est évident. Un «oui» clair résonne toujours fortement. Un «non» clair résonne aussi fortement, autrement il laisse un vide complet. Si vous sentez quelque chose à mi-chemin, c'est probablement que vous êtes quelque peu à côté de la réponse.

Une fois que vous serez à l'aise avec cet exercice, vous verrez que l'exploration de vos interactions avec les gens que vous estimez difficiles constitue un outil indispensable. Et cet outil est d'autant plus précieux lorsqu'il s'agit des personnes qui sont le plus près de vous. Peu importe votre amour pour votre famille et vos amis, il y aura toujours chez eux quelque chose qui a le don de vous rendre fou. Cela peut souvent vous apparaître comme une contrariété ou un fardeau, mais c'est en fait une chance déguisée.

Prenez le temps de dresser une liste complète de tout ce que vous trouvez insupportable chez vos proches. N'essayez pas de tempérer vos jugements. Pour une fois, afin de favoriser votre découverte de vous-même, laissez-les sortir à plein régime. Si vous en éprouvez de la timidité ou de la culpabilité, rappelez-vous que cet exercice consiste à apprendre à mieux aimer et honorer ces gens. À mesure que vous mettez en lumière vos sentiments cachés à leur sujet et que vous vous y ouvrez, la force qui nourrit vos jugements diminuera.

Une fois que vous aurez fini de dresser votre liste, demeurez-y attentif un moment. Examinez ce qu'elle peut vous révéler sur les sentiments que vous tentez d'éviter. Ceux-ci, de même que les histoires que vous vous racontez pour les étouffer, vous surprendront peut-être.

Évitez-vous une sœur ou un frère ambitieux parce que vous ne voulez pas vous sentir submergé par la colère ? Votre attitude s'enracine-t-elle dans l'histoire selon laquelle il est mal ou non spirituel de se mettre en colère ou dans l'histoire selon laquelle les membres d'une même famille ne devraient pas se quereller ? Ou serait-ce que vous souhaitez avoir la même force de caractère, alors que vous n'avez pas encore été capable d'accepter votre propre faiblesse ?

Taquinez-vous un compagnon joyeux pour exorciser votre propre tristesse ? Votre refus de sentir cette tristesse est-il lié à l'histoire selon laquelle les personnes privilégiées ne devraient pas se plaindre ni blesser les autres ? Ou serait-ce que vous êtes aussi joyeux que votre compagnon, mais que vous vous estimez indigne de le ressentir ?

Rappelez-vous que vos réactions face aux gens que vous trouvez difficiles dépendent entièrement de vous. De plus, le moment et la durée de votre analyse de ces réactions vous appartiennent aussi entièrement. Elle peut se faire de manière sporadique, par à-coups, surtout si ce que vous découvrez vous trouble.

Même quand vous êtes devenu habitué à de telles découvertes, il peut vous falloir plusieurs années pour clarifier les émotions en cause. La première invitation constitue donc une proposition de nature ponctuelle pour une recherche pas à pas. Votre seul objectif: découvrir ce que vous n'avez pas ressenti et le ressentir chaque fois que vous le pouvez. Dans cette démarche, les gens que vous considérez comme difficiles, sans le savoir, sont vos alliés. Quand vous les abordez avec cette idée en tête, au risque de les jeter dans une grande confusion, ils semblent souvent briller d'un nouvel éclat.

L'ACCEPTATION DE LA PREMIÈRE INVITATION

Au mieux de mes capacités actuelles en évolution,
je suis résolu à :

- être attentif chaque fois que je me ferme ;
- ressentir les émotions quand elles se manifestent dans mon corps ;
- permettre à mes sentiments de circuler librement ;
- discerner mes déclencheurs principaux ;
- faire face aux émotions que je redoute le plus ;
- découvrir les histoires qui m'empêchent de sentir ;
- voir les gens difficiles comme des indicateurs émotionnels.

La deuxième invitation

Tout remettre en question

Savoir est de l'ignorance.
Ne pas savoir est le début de la sagesse.

J. Krishnamurti

Dans la deuxième invitation, l'amour vous convie
à réexaminer toutes vos croyances sur vous-même,
sur les autres et sur le monde.
Lorsque vous découvrez une croyance qui limite
votre disponibilité, vous êtes alors libre de la chasser.

Love is the answer (« L'amour est la réponse ») : c'est une chanson, un autocollant sur les pare-chocs et un cliché. Mais, en un sens, ce message prête à confusion. Il serait plus juste de proclamer que l'amour est la question.

Une réponse est quelque chose de fermé. Cela signifie que l'enquête est terminée, que les découvertes ont été faites. Quand vous avez trouvé la réponse, vous ne cherchez plus.

Le questionnement, tout comme l'amour, vous amène à croître et à progresser. Au lieu de simplement croire ce qu'on vous a enseigné ou raconté, vous en venez à accorder de la valeur à ce que vous pensez personnellement. La vérité devient hautement personnelle, elle est continuellement en mouvement et se prête à de fréquentes révisions. En vous remettant en question avec une réelle conviction, vous apportez une vitalité toujours renouvelée à votre sentiment d'identité, à tous les aspects de la vie et à chaque moment.

Pour la plupart d'entre nous, mettre cela en pratique est plus difficile qu'il n'y paraît. Depuis notre enfance, nous avons été habitués à conclure plus qu'à questionner. Nous passons des années à nous former une identité solide et, ensuite, nous nous construisons une vie pour la renforcer. Nous choisissons des partenaires, des amis et des groupes qui partagent nos croyances et nous évitons ou critiquons les autres.

Sur le plan social, nous nous regroupons par classes, par races et par groupes ethniques. La célébration de notre spécificité peut engendrer de la confiance, mais elle peut aussi engendrer un sentiment de supériorité et de la méfiance à l'endroit des étrangers. Quand nous faisons bande à part ou que les autres nous marginalisent, il en résulte des stéréotypes. Ceux-ci se perpétuent en l'absence de connaissances de première main. Si nous ne remettons pas en question les opinions non fondées et notre rôle dans leur propagation, la discrimination apparaît rapidement.

Sur le plan spirituel, là où l'amour est censé s'épanouir, les institutions religieuses peuvent se comporter exactement comme les gens. À un moment ou à un autre, elles ont toutes commis des massacres au nom de Dieu. Elles se sont aussi fréquemment divisées à la suite de querelles concernant l'argent, le pouvoir et la suprématie idéologique. Tout cela se poursuit encore aujourd'hui et aucune Église n'est complètement immunisée. De tels affrontements sont habituellement alimentés par la résistance au questionnement. En tant qu'individus, nous sommes souvent forcés de choisir entre la loyauté et le désir de savoir. La répression de nos questions au nom de la dévotion donne souvent lieu à des transgressions. Par ailleurs, si nous remettons en question l'autorité religieuse, nous risquons de nous voir exclus du troupeau.

Le pharisaïsme peut aussi être tentant pour ceux d'entre nous qui ne suivent pas une voie institutionnalisée. Même au sein des groupes spirituels les plus marginaux, les disputes éclatent souvent à la moindre divergence. On peut aussi fréquemment y voir les gens se liguer pour tirer à boulets rouges sur tout ce qui est orthodoxie.

La deuxième invitation vous demande donc de faire une analyse honnête de toutes vos croyances enfouies ou dualistes. Cela signifie passer en revue tout ce que vous savez et exige la destruction de vos repères et le passage en territoire vierge.

Pour commencer, examinez comment votre système de référence s'est construit. Le premier élément est l'hérédité, qui a déterminé vos caractéristiques de base, comme votre type de corps et votre personnalité. Cela s'est bien sûr produit sans que vous ayez voix au chapitre. Ensuite viennent l'environnement de vos premières années, la manière dont on vous a élevé, éduqué, toutes choses sur lesquelles vous ne pouviez non plus agir. Au moment où vous avez quitté l'école, vos valeurs fondamentales étaient bien en place sans que vous ayez pu les choisir. Le libre arbitre a joué un rôle, bien sûr, mais pas plus que le hasard. Si vous êtes républicain ou démocrate, croyant ou athée, amateur de sport ou d'opéra, toutes ces préférences ont largement été façonnées par les circonstances. Même votre évolution ou les changements qui se sont produits en vous, qui vous ont semblé participer d'une volonté délibérée, ont été déterminés par des éléments présents depuis fort longtemps.

Rien de tout cela n'est problématique, à moins que vous ne l'oubliiez. Si vous ne tenez pas compte des éléments circonstanciels qui font de vous ce que vous êtes, vous risquez de croire que votre vision du monde émane entièrement de vous, qu'elle est parfaitement juste et complète, alors qu'il ne s'agit en fait que d'un fragment d'un vaste tout étroitement lié.

Cela signifie-t-il que vivre en harmonie avec l'amour exige l'abandon de vos croyances, de vos opinions et de vos préférences ? Bien sûr que non. Mais cela vous encourage à continuer à explorer, à réexaminer et à accueillir vos découvertes et tout changement de perspective qui pourrait en résulter.

Prenons un loup qui court dans les bois. Il est fort, leste, magnifique. Le naturaliste le trouve précieux, il y voit une créature bénie de Dieu. Pour le chasseur, le loup est plutôt une cible, une occasion de sport et possiblement un manteau de fourrure. Pour le scientifique, c'est un objet d'étude objective. Aux yeux de l'éleveur de moutons du voisinage, qui a vu son troupeau être lentement décimé, le loup apparaît comme une menace financière.

Il est évident que le loup est tout cela et rien de tout cela. Le naturaliste, le chasseur, le scientifique et l'éleveur ont tous un point de vue clair. Étant en désaccord, ils peuvent rester chacun sur ses positions et se mépriser l'un l'autre ou ils peuvent chercher un terrain d'entente, un accord. Ils peuvent choisir de s'ouvrir ou de se fermer, de questionner ou de répondre.

Votre ouverture à l'amour fait de vous une personne plus aimante, mais cela n'exclut pas la possibilité de disputes. Cela ne signifie pas qu'il soit toujours possible de trouver des solutions simples ou qu'il existe toujours un avenir rose. Mais, en acceptant la deuxième invitation, vous réduisez au minimum les dommages que votre propre point de vue est susceptible de causer. Pour y arriver, vous devez courageusement déraciner les jugements hâtifs, les attitudes héritées et les allégeances absolues. Sans abandonner vos préférences personnelles, vous êtes invité à analyser d'abord et à décider plus tard, beaucoup plus tard. En fait, l'attitude la plus rapprochée de l'amour consiste à ne pas prendre parti dans quelque dispute que ce soit avant d'avoir bien compris et précisé correctement la position adverse.

C'est tout un programme, surtout quand les passions sont à vif, mais l'amour n'exige rien de moins. En fait, il vous pousse à aller encore plus loin. L'acceptation complète de la deuxième invitation vous demande non seulement de poser des questions, mais d'en *devenir* une. C'est uniquement lorsque votre vie entière est fondée sur l'exploration, lorsque vous êtes aussi à l'aise avec le mystère qu'avec la certitude, lorsque vous pouvez accepter des points de vue nouveaux et différents aussi facilement que vous respirez, c'est seulement alors que vous aurez relevé le défi de l'amour.

La lumière sur la deuxième invitation

Ce qui est vrai semble souvent faux;
ce qui est certain, douteux…
il n'existe pratiquement pas de vérité
dont nous pouvons avoir une connaissance complète.

Saint Jean de la Croix

Qui suis-je ?

La remise en question de votre identité de tous les jours peut vous conduire à un sentiment d'individualité plus riche.

Qui êtes-vous ? Plus précisément, qu'est-ce qui vous définit ? Est-ce votre corps et votre esprit ? Est-ce le métier que vous pratiquez ? votre rôle familial ou social ? votre ressenti et vos actions ? votre personnalité ? votre âme ? Tout cela ou quelque chose d'entièrement différent ?

Telles sont les questions qui nous déconcertent durant l'adolescence. Plus tard, quand nous sommes devenus plus vieux et plus occupés, elles s'estompent. Mais dès que nous cessons de nous les poser, quelque chose de vital en nous commence à mourir.

Plusieurs d'entre nous reprennent ce genre de questionnement, en le complexifiant, quand la vie ne répond pas à leurs attentes. Cela peut se passer à l'église, durant une convalescence, à l'occasion d'une méditation ou d'une autre forme d'exploration spirituelle. Avec un peu de chance, il ne viendra aucune réponse satisfaisante. Il n'est pas plus édifiant de se définir comme un drogué que de se définir comme un amateur de planche à roulettes, un enfant de Dieu ou un partisan de l'équipe locale de baseball. Toutes ces définitions sont limitées et incomplètes ; c'est exactement ce qui entrave l'amour.

La vérité, telle que la révèle l'amour, c'est que chacun d'entre nous constitue une expression unique de l'infini. Vous seriez étonné, abasourdi, si vous compreniez tout ce que vous êtes. La porte qui vous permet d'accéder à cette étendue est le questionnement diligent sur votre identité. Cette démarche ressemble à celle qui mène à l'ouverture aux émotions en ce qu'elle fait appel à l'attention et est fondée sur celle-ci.

D'abord, revenez au premier paragraphe précédemment et cherchez une réponse la plus complète possible à la question: «Qui êtes-vous?» Commencez en écrivant les mots «Je suis» et complétez avec tout ce qui vous vient à l'esprit. Refaites-le souvent, une douzaine, une vingtaine de fois. Par exemple: *Je suis (tel sexe), je suis (telle nationalité), je suis (telle religion — athée — agnostique).* Poursuivez ainsi et assurez-vous d'inclure vos divers rôles et vos diverses responsabilités. *Je suis un cadre. Je suis un instructeur de football. Je suis un parent.* Avant de terminer, ajoutez des traits de votre personnalité: *Je suis drôle. Je suis brillant. Je suis impatient. Je suis romantique.*

Cela fait, lisez votre liste à voix haute. Après chaque réponse, faites une longue pause. Notez les sentiments et les pensées qui montent en vous à chaque caractéristique. Supposons que vous venez tout juste de lire: «Je suis un parent.» Dans un premier temps, vous sentez peut-être une vague d'amour pour votre famille. Puis, vous ressentez peut-être une partie du stress et du fardeau associés au rôle de parent. Il se peut que vous commenciez à éprouver de la colère à cause du manque de services pour les enfants dans votre région ou que vous vous demandiez comment vous allez réussir à économiser assez d'argent pour envoyer vos enfants au collège.

Grâce à cet exercice, vous pouvez rapidement évaluer la somme d'énergie que requiert votre sentiment d'identité. Cela est naturel et inévitable, mais ce n'est pas tout. À présent, lisez de nouveau la liste à voix haute, mais cette fois-ci ajoutez les mots «ne pas» à chaque phrase (*je ne suis pas un cadre, je ne suis pas un instructeur de football, je ne suis pas drôle,* etc.). Imaginez pour un moment que toutes ces dénégations soient vraies. Cela vous offre l'occasion de vous débarrasser, une couche à la fois, de vos identités quotidiennes et de voir ce qui reste.

Pour bien des gens, s'imaginer dépouillés de tout rôle et de toute caractéristique est terrifiant. D'autres en retirent un sentiment de liberté. Comment vous sentez-vous personnellement ? Pouvez-vous vous représenter la partie de vous qui existe au-delà de tous les éléments de votre liste ?

Si c'est le cas, vous avez accédé à la région de votre conscience où vit l'amour. C'est à travers cette absence de forme que toutes les choses sont reliées et que nous sommes tous un. Si vous n'avez pu y avoir accès, attelez-vous à l'exercice qui suit. Sur une autre feuille de papier, écrivez en grosses lettres seulement les mots « Je suis ». Répétez ces mots à voix haute avec confiance et laissez cette évocation de la pure existence résonner en vous.

Si vous êtes comme la plupart d'entre nous, cette résonance est trop vague. Votre individualité se sent menacée et reprend rapidement sa place, une réaction qui a gagné en puissance tout au long de votre vie. Le but du questionnement n'est pas de la vaincre, mais de faire la lumière sur une plus grande portion de vous-même. Plus vous y arrivez, plus vous brillez.

Est-ce bien vrai ?

Vos croyances sur vous-même sont peut-être périmées ou inexactes.

Êtes-vous grand ou petit ? Mince ou gros ? Intelligent ou lent ? Attirant ou terne ? Mais ce qui est plus important : comment le savez-vous ? Par comparaison ? Parce que vous l'avez entendu dire toute votre vie ? Votre réponse serait-elle différente si vous viviez dans une autre famille ? dans une autre culture ? à une autre époque ?

Pensez à l'une de vos qualités que vous n'avez jamais remise en question. Peut-être avez-vous toujours été extraverti, gentil ou coopératif. Essayez de ressusciter le souvenir le plus ancien que vous avez de cette qualité et de vous rappeler le moment où vous avez commencé à l'incorporer à votre image de vous-même. Quelque chose est-il arrivé à la maison, à l'école ou au terrain de jeux ? Suivez le parcours de cette qualité à partir de ces premiers moments et notez les événements qui ont pu l'accentuer. Avez-vous entendu des remarques qui l'ont renforcée à l'école ou au collège ? Vous a-t-elle aidé dans vos premiers emplois ?

Ensuite, faites la même chose avec une qualité qui vous a toujours *manqué*. Peut-être n'avez-vous jamais fait preuve de vivacité d'esprit, peut-être n'avez-vous jamais été agile ou doué pour la mécanique. Essayez de vous rappeler la première fois que vous avez senti l'absence de cette qualité et toute expérience ultérieure qui aurait intensifié ce sentiment.

Comme cette double exploration le révèle, l'image de soi vient du contexte et des événements de notre jeunesse. Avec le temps, elle s'enracine profondément. Même lorsque les circonstances changent, cette image persiste souvent obstinément. Ainsi, de nombreux adultes minces se voient encore comme l'enfant grassouillet qu'ils étaient. De nombreuses personnes riches n'arrivent jamais à se sentir en sécurité après leurs débuts difficiles et de nombreux bourreaux de travail ne font que compenser la dévalorisation qu'ils ont vécue plus jeunes.

Parfois, c'est l'inverse qui se produit. Si les gens se battent pour remplacer un trait de leur personnalité par un autre, leur identité entière peut dépendre de cette transformation. Une personne autrefois grasse peut devenir obsédée par la minceur, une personne qui a connu la pauvreté peut devenir obsédée par la richesse et une personne qui a été jadis dévalorisée pourra avoir la hantise de la reconnaissance constante. Ce genre d'identification excessive à un trait particulier peut sérieusement déformer l'image de soi.

Qu'en est-il de vous ? Y a-t-il des éléments périmés dans votre image ? Y a-t-il en vous des éléments inconscients ou des éléments qui sont déformés par votre besoin de vous voir sous un jour particulier ?

Il n'est pas difficile de comprendre que plusieurs des traits que nous affirmons posséder et que nous tenons pour réels sont en fait des croyances. Ce qui est plus difficile, c'est d'échapper aux conséquences non désirées de ces croyances. La façon la plus courante d'y arriver consiste à remplacer les croyances nuisibles par d'autres plus constructives. Cela peut impliquer des activités ou des affirmations destinées à renforcer l'estime de soi. Par exemple, si vous vous voyez comme une personne timide et que vous vouliez être plus fort, il se peut qu'on vous recommande de commencer chaque journée en vous disant : « Je suis fort, confiant et sûr de moi dans toutes mes entreprises. »

Presque tous ceux qui ont essayé ce genre de méthode peuvent témoigner de sa difficulté. Les croyances sont résistantes au changement et très sensibles à toute remarque de l'extérieur. Il arrive que, même lorsqu'on se sent en pleine forme, la moindre critique redonne de la vigueur à une croyance négative qu'on croyait vaincue. De même, nos propres sautes d'humeur peuvent se répercuter sur nos croyances. Ainsi, un seul jour où les choses ne tournent pas rond peut annuler des mois de travail.

Je mentionne tout cela parce que la deuxième invitation adopte une autre stratégie. Elle ne suggère pas d'essayer de vous aimer davantage, même un peu, ni de favoriser certaines croyances plutôt que d'autres. Elle vous encourage plutôt à reconnaître combien peu fiables sont toutes les croyances et à les remettre en question avec un zèle égal.

Toute croyance à laquelle vous vous cramponnez peut limiter votre disponibilité. Cela peut avoir le même effet qu'une fermeture émotionnelle : vous couper de vous-même et du moment présent. De là l'importance de remettre en question vos croyances sur vous-même. Cela vous aide à délaisser régulièrement vos croyances, à voir au-delà d'elles et à envisager des possibilités auxquelles vous n'auriez jamais pensé autrement. Une telle expansion de vos horizons engendre souvent une stimulante montée d'amour. Cet amour est plus que de l'estime de soi, il est plus vaste que toute identité. Il vous relie à l'endroit de votre cœur où existent tous les êtres et où existe une unité indépendante de toute croyance.

Les tons de gris

En matière de caractère, aucun trait n'est complètement bon ni complètement mauvais.

Une façon de vaincre les limites qu'engendre la perception de soi consiste à examiner les jugements de valeur qui les accompagnent. Les jugements de valeur sont des croyances par lesquelles on affirme que quelque chose ou quelqu'un est plus ou moins digne d'estime. On dira que telle ou telle chose est juste ou inique, bonne ou mauvaise. En gardant cela en tête, étendons la liste de traits personnels importants établie plus haut, comme *je suis drôle, je suis brillant* et *je suis impatient.* Cette fois, incluez une plus grande diversité de traits, allant de *je suis agressif,* si cela s'applique à vous, à *je suis une commère* et *je suis habile de mes mains.* Une fois que la liste compte au moins dix traits, penchez-vous un moment sur chacun d'eux pour voir si vous le définissez comme étant plutôt positif ou plutôt négatif.

Pour chaque trait qui vous apparaît positif, expliquez bien pourquoi, puis tentez de déterminer quand et comment votre jugement s'est d'abord formé. Vérifiez la solidité de chaque croyance.

Par exemple, si vous avez inscrit *je suis serviable,* vous pouvez noter que l'aide apportée aux autres crée de grandes amitiés et que, généralement, ils rendent la pareille. Peut-être vous souvenez-vous d'un incident à la colonie de vacances, alors qu'un camarade de dortoir particulièrement serviable vous avait profondément impressionné. Pourtant, vous vous êtes récemment montré peu empressé à l'endroit des autres et vous vous demandez où est passée votre serviabilité.

Voyez maintenant si ce même trait ne pourrait pas être considéré comme négatif. Y a-t-il des occasions où il est exagéré, où il est un obstacle ? D'autres pensent-ils ainsi même si vous ne le pensez pas ? Qu'est-ce qui, dans leur histoire personnelle et leur caractère, pourrait les porter à adopter ce point de vue ?

Toujours dans le cadre de notre exemple, il se peut que vous découvriez que votre aide étouffe ceux à qui vous la destinez. Vous pourriez aussi vous rendre compte qu'il s'agit d'un écran de fumée pour vous détourner de vos propres besoins. De plus, vous noterez peut-être que certains amis répondent de manière abrupte même à votre aide la plus gratuite parce qu'ils s'en sentent indignes. Dans ce cas, à cause de leurs croyances, les offres d'aide ne font que renforcer la honte.

Poursuivons. Pour chaque trait que vous avez jugé négatif, livrez-vous à la même analyse. Qu'est-ce qui vous a mené à une telle évaluation ? Cela fluctue-t-il ? Y a-t-il des situations dans lesquelles ce même trait peut être précieux, voire essentiel ? Vos proches seraient-ils d'accord ? Y a-t-il quelque chose dans leur propre personnalité qui serait susceptible d'influencer leur réponse ?

Comme le démontre cet exercice, tous les jugements de valeur sur vous-même, positifs ou négatifs, sont vraiment relatifs. De toute évidence, les jugements de valeur négatifs possèdent un grand pouvoir de fermeture sur vous. Mais les jugements positifs peuvent aussi constituer des restrictions. Tant que vous vous voyez à travers des lunettes qui vous colorent en bon/mauvais ou juste/injuste, vous ne pouvez pas avoir une perspective d'ensemble. Même si vous vous jugez bon sur tous les plans, par exemple, débordant de sagesse et de gentillesse, que se passe-t-il dans les moments (inévitables) où vous ne l'êtes pas ?

Il est également tentant de se juger soi-même simplement à cause d'un jugement de valeur personnel. Au lieu de cela, vous pouvez vous demander : *Est-ce bien là toute l'histoire ? Est-ce que je n'oublie pas quelque chose ?* Quand vous posez ce genre de question de façon constante, vos jugements de valeur se mettent à diminuer. Vous vous voyez beaucoup plus clairement. Plutôt que de vous épuiser à poursuivre des idéaux, vous vous reposez dans l'amour.

Des points de vue

Une vision du monde est le produit de circonstances.

Votre vision du monde est tout aussi subjective que votre vision de vous-même. Elle l'est peut-être davantage, car vous passez probablement moins de temps à étudier le monde dans lequel vous vivez. Vos réactions instinctives — envers les autres, les situations et les événements mondiaux — découlent de circonstances qui vous sont propres. C'est de ces réactions que surgissent les opinions et les valeurs qui définissent votre manière de voir les choses.

Pourquoi aimez-vous telle chanson et haïssez-vous telle autre? Pourquoi un collègue de travail apprécié de tous vous tape-t-il sur les nerfs? Qu'est-ce qui se profile derrière vos opinions sur les taxes, la drogue ou l'immigration? Ou qu'est-ce qui fait que vous vous désintéressez de ces sujets?

Comme vous l'avez sans doute maintenant deviné, ce questionnement vise à vous amener à une plus grande conscience plutôt qu'à des réponses définitives. C'est une autre manière de vous libérer de votre conception habituelle des choses et de votre conviction que tout point de vue particulier existe indépendamment de celui qui l'exprime.

Choisissez un sujet auquel vous attachez une grande importance. Formulez clairement votre opinion sur ce sujet. Demandez-vous maintenant: *Aurais-je la même opinion si j'étais un magnat texan du pétrole? une serveuse de Detroit? un vagabond à Bombay? Et si j'étais en prison ou en phase terminale? Si j'étais victime d'un crime violent?*

Si de tels changements de situation peuvent faire vaciller votre opinion, qu'est-ce que cela signifie ? Un point de vue principalement déterminé par le destin peut-il être absolument juste ?

Un bon nombre de personnes rationnelles, lorsqu'elles se trouvent confrontées à la subjectivité des croyances, s'en remettent à la science. Elles font appel à la méthode scientifique pour séparer les perspectives personnelles non fiables de la « preuve » vérifiable. Pourtant, les plus grands scientifiques savent combien les diverses théories sont modelées par la culture dominante et combien elles évoluent constamment dans le temps. La pire erreur que peut commettre un scientifique, peu importe sa discipline, est de croire qu'une théorie est au-dessus de toute révision.

Beaucoup de personnes dévotes, lorsqu'on les invite à tout remettre en question, voient là une sorte de négation de l'autorité morale liée à leur dieu. Pour elles, le fait qu'il n'existe pas un point de vue qui soit meilleur qu'un autre, que le bien et le mal ne sont jamais définis une fois pour toutes est propre à plonger le monde entier dans le désarroi. Mais qu'on le veuille ou non, un tel désarroi fait partie de la vie. Les dizaines de groupes en conflit les uns avec les autres à l'intérieur de toute religion organisée nous fournissent un exemple éloquent. Comme aucun texte divin n'est exempt d'interprétations multiples, c'est à nous, en fin de compte, qu'il revient de juger.

Ainsi, contrairement à l'impression initiale, la deuxième invitation est en harmonie tant avec la science qu'avec l'esprit. Elle unit les deux approches en rejetant tous les filtres qui limitent notre pouvoir de perception. Son appel au questionnement constant nous maintient vivant, éveillé et capable de nourrir tant notre compréhension que notre émerveillement.

L'étirement

Il faut de l'entraînement pour acquérir une perspective fluide.

Lorsque nos membres sont ankylosés ou engourdis, tout naturellement nous les étirons. Pour maintenir la souplesse de nos points de vue, il nous faut un semblable étirement. L'étirement délibéré de nos points de vue rend la deuxième invitation concrète et pertinente : elle devient plus que de simples mots.

Les exercices d'étirement suivants ont été conçus pour être stimulants, informatifs et même amusants. Faites-en autant que vous voulez, dans l'ordre qui vous plaît et pendant le temps qui vous paraît convenable. Ce qui importe, c'est d'atteindre, pour chacun, le point de tension optimale. Aller trop loin pourrait vous faire reculer, cela pourrait vous porter à questionner moins plutôt que davantage.

La persona. Complétez cette phrase plusieurs fois : *Je ne suis pas du genre à...* Soyez précis, comme « se tenir dans les bars », « faire du camping » ou « choisir d'être le centre d'attention ». Puis, en guise de petite expérience, faites ces choses précises. Prêtez attention aux impressions que vous éprouvez. Voyez l'expérience comme une recherche sur les divers types de gens et de comportements. Notez si quelque chose bouge en vous.

Le rapprochement. Choisissez une personne de votre milieu de travail ou de votre entourage social avec qui vous avez de la difficulté à communiquer. Invitez-la à manger. Déterminez vos points communs et vos différences. Après la rencontre, tâchez de voir le monde avec les yeux de votre invité.

La controverse. Choisissez un sujet à la mode, comme l'avortement ou la peine de mort, ou tout autre sujet controversé. Assurez-vous d'avoir une opinion bien ferme sur ce sujet. Trouvez quelqu'un qui a l'opinion contraire et demandez-lui de vous l'expliquer clairement. Remarquez toutes les fois que cette explication crée une fermeture en vous. Peu importent vos réactions, écoutez. Évitez d'interrompre votre interlocuteur ou de préparer mentalement votre réfutation. Puis, répétez ce que vous venez d'entendre, en vérifiant si c'est conforme.

Sur le front domestique. Réalisez cet étirement avec votre conjoint, un ami intime ou un membre de votre famille. Concentrez-vous sur le sujet qui vous divise le plus souvent: l'argent, le sexe, les jugements, la jalousie, etc. Demandez directement à l'autre ce qu'il pense concernant ce sujet, et spécialement par rapport à votre comportement. Tout comme à l'exercice précédent, contentez-vous d'écouter et d'assimiler, sans faire d'effort pour vous défendre. Puis, répétez ce que vous venez d'entendre, en vérifiant la justesse de votre compréhension.

L'expédition urbaine. Visitez une partie de la ville où vous n'allez habituellement pas et qui est habitée principalement par des gens d'une origine ou d'une classe autres que les vôtres. Passez-y quelques heures à entrer en relation avec divers résidents — des hommes, des femmes, des enfants, des personnes âgées. Au moment d'aborder quelqu'un, prenez conscience de vos sentiments et de vos pensées. À la fin, notez si l'interaction a confirmé ou contredit vos croyances établies.

L'exploration religieuse. Assistez à la cérémonie du culte hebdomadaire d'une autre religion que la vôtre. Si l'on vous interroge, dites que vous êtes là pour apprendre. Si c'est possible, demandez à quelqu'un de vous expliquer en détail le déroulement de l'office. Participez-y autant que vous le pouvez sans vous sentir mal à l'aise. Soyez attentif à toutes vos réactions, sans les critiquer ni les filtrer. À la fin de la cérémonie, voyez si quelque chose a changé par rapport à votre façon d'envisager votre propre pratique religieuse.

Les adversaires. Trouvez un partisan d'un parti politique opposé au vôtre. Demandez-lui de vous dire franchement les raisons qui font qu'il repousse votre parti. Écoutez attentivement, en notant tous les déclencheurs et toutes vos fermetures. Plus tard, seul, voyez si vous pouvez découvrir quelque vérité derrière toutes les généralisations.

L'influence. Dressez la liste de toutes les personnes qui vous ont le plus influencé : parents, enseignants, amis, auteurs… Faites-les disparaître du paysage l'un après l'autre et imaginez en quoi votre développement aurait pu être différent.

L'abonnement. Abonnez-vous pour un an à une revue qui appuie quelqu'un ou quelque chose que vous détestez. Lisez-la d'un bout à l'autre. Si vous ne voulez pas soutenir cette cause par votre abonnement, allez à la bibliothèque. Que votre lecture soit exploratoire, investigatrice ; veillez plus spécialement à trouver un possible terrain d'entente.

L'inventaire. Dressez la liste de vos dix opinions les plus ancrées sur les gens et les lieux, de même que sur des sujets d'ordre social, culturel et politique. Évaluez ensuite honnêtement le niveau de vos connaissances sur chaque sujet. Y a-t-il un sujet sur lequel vous ne savez pas grand-chose en vérité ? Seriez-vous prêt à l'admettre, même si ce ne devait être qu'à vous-même ?

Portrait : le choc de la découverte

Margaret a toujours été très timide et réservée. Elle considérait en grande partie ce trait comme une vertu, comme la résultante de l'humilité dont elle se faisait un devoir. Entreprenant l'exercice de la *persona* de la section précédente, elle a complété la phrase « Je ne suis pas du genre à… » avec les mots « monopoliser l'attention et me donner en spectacle ».

Décidée à aller le plus loin possible, Margaret a passé une audition pour la chorale de Noël à un théâtre de son voisinage. À sa grande consternation, on lui a offert un petit rôle où elle devait plutôt parler. Elle l'a accepté, non sans quelques hésitations, car les répétitions exigeaient beaucoup de partage émotionnel et d'exploration. Au début de chaque répétition, le directeur demandait à chacun d'exprimer des choses personnelles. Margaret ne pouvait pas se défiler, car, lorsqu'elle rentrait dans sa coquille, les autres participants la bombardaient de questions.

Au début, Margaret ne retirait de sa participation que de l'effroi. Durant la première semaine, lui a-t-il semblé, elle avait parlé plus, et à des étrangers de surcroît, qu'elle ne l'avait fait avec sa famille au cours des derniers mois. Sur scène ou non, en train de réciter des répliques ou d'exprimer quelque chose de personnel, « monopoliser l'attention » plongeait Margaret dans le malaise, la gêne et même la honte. Après presque chacune des répétitions, elle avait pensé abandonner, mais cela lui semblait encore pire que de rester.

Puis, alors que la première approchait, Margaret a noté un grand changement. Les activités de communication de sentiments personnels ne la dérangeaient plus autant. Elle arrivait à présent à les exprimer sans avoir les mains moites et sans palpitations ; elle commençait même à y prendre goût.

Mais le plus grand changement concernait son écoute. Elle se vit devenir de plus en plus curieuse d'entendre ce que les autres participants avaient à raconter. Elle demeurait suspendue à leurs paroles, acquiesçait et, plus tard, se mit à leur adresser des mots d'encouragement.

Le spectacle eut lieu, et Margaret s'en sortit sans aucun accroc. Sa performance n'eut rien de remarquable, sauf que c'était elle qui l'offrait. Son mari et ses enfants blaguaient, disant qu'elle devait être possédée par un extraterrestre et, en son for intérieur, elle était ravie de les étonner.

Margaret prit plus de plaisir qu'auparavant à la réunion de toute la famille durant le temps des fêtes. Elle parla davantage aussi. À quelques reprises, on la taquina sur ce sujet, mais, en général, les gens ne le remarquèrent pas. Ce que Margaret remarqua, elle, c'était la différence dans son écoute, du moins de temps à autre, tout comme au cours des répétitions.

Alors qu'elle se rendait au travail après tout cela, une pensée la frappa : sa timidité avait toujours été teintée de *ressentiment*. Elle entretenait un jugement secret sur les gens qui « se donnent en spectacle », jugement qui, à vrai dire, n'était pas fondé sur l'humilité. Résultat : elle avait écouté les gens volubiles à contrecœur et même avec amertume. En sortant du confort de sa *persona* habituelle, elle se voyait sous un jour nouveau et moins flatteur.

Une fois atténués le choc de cette découverte et la culpabilité associée, Margaret fut reconnaissante pour tout le processus. Elle n'avait pas envie de monter de nouveau sur les planches, même à la demande du théâtre. Ce qu'elle recherchait, c'était une plus grande communication avec les gens qui comptaient le plus pour elle. Elle réalisait que, pour y parvenir, elle devrait s'ouvrir *et* écouter avec plus de cœur. Depuis lors, elle y arrive mieux, bien qu'elle sache la longueur du chemin qui lui reste à parcourir.

Pourquoi est-ce que je désire ce que je désire ?

Personne n'est à l'abri de la manipulation par les médias.

Le contraire de l'étirement de votre point de vue, c'est son durcissement. Cela peut se produire sans que vous fassiez quoi que ce soit, à votre insu et sans votre consentement. C'est souvent là le résultat de l'influence qu'exercent les principaux médias et la publicité. Peu importent votre vigilance et vos efforts pour y résister, les messages véhiculés par les médias peuvent envahir votre esprit comme un virus contagieux.

Un tel sujet peut sembler déplacé dans un livre spirituel, surtout quand il est principalement consacré à l'amour. Mais il est impossible de tout remettre en question et, en même temps, ne pas tenir compte de ce bombardement incessant. La source de celui-ci est très concentrée, car aujourd'hui à peine quelques entreprises possèdent la plupart des médias. Grâce à l'incroyable développement technologique que nous connaissons, ces corporations et leurs associés peuvent littéralement — et efficacement — « programmer » certains de vos plus profonds désirs.

Reconnaître le rôle des médias et de la publicité dans la vie contemporaine ne consiste pas à se plaindre des démons de la télé ou de Madison Avenue. Il ne s'agit pas non plus de dire ce qui est bien ou mal, bon ou mauvais, ni de faire rentrer le génie dans sa bouteille. Plutôt, il s'agit de prendre conscience de l'étendue du conditionnement dont vous êtes l'objet afin de le remettre en question.

L'industrie de la publicité est devenue étrangement experte à trouver ce qui vous attire et ce qui vous fait acheter. Elle y arrive même si vous croyez être immunisé contre ses méthodes. Il n'y a pas de refuge contre les panneaux d'affichage, le placement de produit, les catalogues et la segmentation du marché de plus en plus fine.

Que recherchez-vous avec le plus d'avidité? La sécurité? L'argent? La reconnaissance? La liberté? Quelle que soit votre réponse, elle indique votre aire de vulnérabilité. Un besoin irrésistible constitue une sorte de déclencheur émotionnel. Il peut fermer tout ce qui lui barre la route, surtout votre résolution à tout remettre en question, et le remplacer par un désir artificiel.

Si un tel désir artificiel menait à quelque satisfaction durable, nous pourrions le prendre en considération. Or c'est le contraire qui est vrai. Le système vise à créer une conscience du manque, du besoin incessant, qui, en retour, stimule la consommation. La réalité, naguère lumineuse et remplie de mystères, devient de plus en plus fade et quelconque. Les joujoux, les poussées d'adrénaline, les sentiments de puissance éphémères ne sont rien à côté d'une vie libérée. Ce que tout cela peut faire, c'est de vous priver du temps et de l'attention nécessaires pour créer cette vie.

Accepter la deuxième invitation exige que vous soyez attentif à vos aires de vulnérabilité et à la manière dont la manipulation est susceptible d'agir sur vous. Voici une façon de commencer. Dès que l'instant est propice, rangez ce livre un moment. Regardez la télévision pendant une heure ou lisez un magazine. Prêtez attention à la publicité et voyez si quelque chose vous fait envie. Si c'est le cas, demeurez tranquille un moment. Soyez réceptif à votre désir, sans porter de jugement et sans élaborer un plan pour le satisfaire. Notez ce qui se passe quand vous y donnez libre cours. Continue-t-il à grandir ou est-ce qu'il plafonne, puis décroît?

Si aucune publicité n'éveille de désirs, concentrez-vous sur votre aire de plus grande vulnérabilité. Voyez si vous ne pourriez pas concevoir une annonce imaginaire qui réussirait là où les annonces réelles échouent. En vous mettant à la place de l'annonceur, même pour un bref moment, vous pouvez apprendre beaucoup de choses sur votre vulnérabilité. Cela peut souvent vous aider à la réduire substantiellement.

Chaque fois que vous éprouvez les affres d'un désir irrésistible, prenez un bon recul par rapport à la sensation et demandez-vous : *Pourquoi est-ce que je désire ce que je désire ?* Quand la réponse à cette question révèle un désir profondément enraciné, c'est le temps de lâcher, de laisser aller, de vous rappeler que, quoi qu'il en soit de tous les messages dont vous êtes entouré, l'amour ne peut ni s'acheter ni se vendre.

Une profonde respiration

S'épanouir au milieu de l'incertitude requiert du calme et de la patience.

Le fait de tout remettre en question soulève beaucoup de poussière. Des éléments tenus pour vrais paraissent soudain douteux. Des croyances auxquelles nous nous accrochions par besoin de sécurité ne nous rassurent plus du tout. Il est possible et même probable que nous nous sentions un peu perdus. Si cela vous arrive, c'est le moment de respirer profondément et de vous détendre. Suivez la deuxième invitation à votre propre rythme. Vous soumettre à la pression est inutile; en fait, cela ne servirait qu'à vous refermer.

Vous devez garder à l'esprit, et cela pour toutes les invitations, que le calme et la patience sont importants. La plupart des défis ressemblent à de gros rochers que vous devez pousser en haut d'une montagne par la seule force de votre volonté. Réussir à l'école, au travail, élever une famille, tous ces objectifs exigent un effort persistant, même quand il ne vous reste que peu d'énergie en réserve. En ce qui concerne l'ouverture à l'amour, c'est l'inverse. Bien que cela aussi représente un grand défi, vous ne pouvez y parvenir en faisant un effort. Étrangement, vous y parvenez en vous relaxant.

Rappelez-vous la métaphore de la pluie: laisser chaque moment être ressemble à trouver l'averse délicieuse. Rappelez-vous l'exercice dans votre baignoire ou sous la douche, au cours duquel vous vous êtes dissous dans la chaleur afin de ressentir l'espace.

S'ouvrir à l'amour exige une attitude semblable. L'amour ne disparaît jamais. Il est disponible même — et surtout — lorsque vous êtes bouleversé, frustré ou confus. Mais lorsque vous faites des efforts en sa direction, la contrainte qui en résulte ne fait que maintenir l'amour à distance.

Chaque fois que vous vous surprenez en train de faire des efforts pour combler un manque d'amour, la tâche consiste à cesser complètement d'essayer. À première vue, l'idée d'essayer de ne pas essayer peut sembler contradictoire. Cela peut aussi avoir l'air d'une défaite, comme si vous abandonniez complètement votre quête. En pratique, c'est exactement ce qui libère l'amour et vous libère pour que vous puissiez puiser dans son courant. Si vous n'en avez pas encore fait l'expérience, votre premier contact vous fera lancer un puissant « ah ! ». Par la suite, chaque nouvelle ouverture viendra avec de plus en plus d'aisance et durera souvent plus longtemps.

Le questionnement réalisé dans la détente peut grandement favoriser la prolongation de cette ouverture. Qu'implique alors cette forme détendue de questionnement ? Elle implique non seulement de vivre avec l'incertitude, mais aussi de l'accueillir avec cœur. Elle implique de se sentir tout à fait à l'aise dans l'état de non-savoir et de cultiver cet état régulièrement.

En guise d'initiation, tentez l'expérience suivante. Durant les prochains jours, chaque fois qu'on vous demandera votre avis, faites une longue pause avant de répondre. Au lieu de dire la première chose qui vous vient à l'esprit, permettez l'émergence d'autres réponses possibles. Laissez-les surgir. Étudiez-les avec une égale détermination et évitez d'en choisir une en particulier. Faites en sorte que votre réponse finale soit plus une piste d'exploration qu'un verdict. Si vous vous inquiétez de l'impression que cela laissera, expliquez ce que vous êtes en train de faire. Or si c'est vous qui ne pouvez accepter le silence et l'indécision, tâchez de localiser l'inconfort qu'ils provoquent dans votre corps et de vous y ouvrir.

À terme, cette familiarisation avec l'incertitude conduit à un nouveau genre d'équilibre. Celui-ci vous permet de continuer à opérer des choix difficiles et à agir de manière décisive, mais sans le fallacieux sentiment d'assurance auquel vous êtes peut-être habitué.

Même si l'équilibre entre la résolution et le doute peut sembler un peu bizarre au début, c'est le point de rencontre des deux premières invitations. La capacité de tout ressentir et de tout remettre en question engendre une réelle souplesse. Vous pouvez demeurer équilibré *et* détendu, ne pas résister au courant de la vie *et* de l'amour, même au milieu de la plus grande agitation. La meilleure voie à suivre, dans ce cas, devient évidente et facile.

Imaginez que, tout comme Margaret dans le portrait précédent, vous venez de découvrir une faiblesse là où vous voyiez une force. Supposons que, par le questionnement, vous ayez découvert que vos plus grands actes de générosité étaient motivés par une exigence inconsciente de récompense. Cette constatation peut vous porter à vous fermer, à vous méfier dorénavant de vos motivations et à vous modérer dans vos élans de générosité.

Dans ce cas, tout ressentir peut ouvrir la voie à la culpabilité, à la confusion et à l'insécurité. Il se peut aussi que vous éprouviez de la colère envers vous-même et envers vos actions passées, que vous considérez maintenant comme hypocrites. Pendant un temps, vous vous jugerez peut-être foncièrement mesquin. Mais, après cette tempête, vous pourrez vous voir comme ni tout à fait généreux ni mesquin. Vous serez simplement vous-même, capable d'une gamme étendue de réponses parfois contradictoires. Libéré du besoin de vous enfermer dans une identité trop restrictive, vous disposerez de tout l'espace pour prendre une profonde respiration, au sens littéral et au sens figuré. En retour, cela favorisera l'émergence d'une vision sereine, spacieuse et généreuse de ce qui constituait auparavant un sujet délicat.

La prochaine fois que vous sentez un élan de générosité, profitez de cette merveilleuse occasion pour vous demander: *Puis-je donner librement ou est-ce que je m'attends à ce qu'on me renvoie l'ascenseur?* Ne vous livrez pas à une analyse. Votre disponibilité vous permettra de demeurer en contact avec votre corps, sans stress ni interférence; vous *sentirez* ainsi l'approche la plus appropriée. Il serait peut-être juste de donner sans condition. Peut-être, pour la première fois, poserez-vous des conditions claires *avant* de donner.

Jusqu'à maintenant, nous avons traité de la manière de vous assurer que la deuxième invitation ne vous fasse pas vous sentir un peu perdu. Elle peut aussi avoir une autre conséquence, à savoir vous porter à un questionnement trop critique ou compulsif. Vous pourriez alors être tenté d'utiliser le processus d'enquête comme un mécanisme de défense, un bouclier derrière lequel vous vous cacherez de façon à pouvoir vous abstenir de vous engager pleinement dans le monde. Cela se traduit par un questionnement empreint de cynisme facile à reconnaître.

Par exemple, un tel cynisme pourrait se manifester si, évaluant un chef respecté, vous en veniez à conclure à un comportement inacceptable. Cela vous porterait non seulement à juger des personnages semblables dans le futur, mais aussi à devenir excessivement soupçonneux. Vous pourriez lancer des généralisations comme : « Peu importe qui est le chef, ils sont tous pareils. »

Les généralisations peuvent être le signe de l'existence d'un déclencheur en vous. Il est donc important, lorsque vous vous surprenez à en faire, de suspendre toute enquête. Poursuivre celle-ci ne ferait alors que vous écarteler entre la partie de vous qui se fermerait et celle qui tenterait de vous ouvrir.

Le remède à ce problème est le même que précédemment : accueillir la première invitation en plus de la deuxième, de manière à pouvoir faire une pause et vous détendre. En raison de votre engagement à tout ressentir, toute fermeture encore présente devrait se relâcher. Il est probable que vous découvriiez les émotions qui ont été provoquées. Dans ce cas-ci, vous vous sentirez peut-être blessé, abandonné et trahi par le personnage tombé en disgrâce. Vous déployer au maximum et laisser tous ces sentiments vous traverser vous ramèneront complètement au moment présent. Vous serez vraiment ouvert non seulement aux sentiments refoulés, mais aussi à l'amour. Votre cynisme, privé de combustible, commencera à s'éteindre naturellement. Une fois le cynisme disparu, votre questionnement pourra s'approfondir. Vous serez alors capable d'évaluer tous les chefs selon leurs mérites individuels, en faisant preuve d'agilité et de liberté d'esprit.

L'ACCEPTATION DE LA DEUXIÈME INVITATION

Au mieux de mes capacités actuelles en évolution, je suis résolu à :

- élargir la définition de ce que je suis ;
- considérer mes croyances sur moi-même avec circonspection ;
- éviter les jugements unilatéraux sur mon caractère ;
- reconnaître la nature circonstancielle de mes opinions ;
- élargir ma perspective ;
- contrer les effets de la manipulation par les médias ;
- me sentir à l'aise dans ma nouvelle incertitude.

La troisième invitation

Ne résister à rien

Ce à quoi vous résistez perdure.

Anonyme

Dans la troisième invitation, l'amour vous convie
à accueillir la totalité de la réalité telle qu'elle est.
Cet accueil crée une relation paisible avec vos pensées
et pose les fondements d'un changement positif.

Lorsque la vie ne répond pas à nos attentes, nous résistons. Nous nous plaignons, nous blâmons, nous nions. Nous nous détournons de la vie ou nous nous insurgeons contre elle, comme si elle était notre plus grande ennemie.

La résistance apparaît spontanément. Elle a même une certaine logique. Après tout, pourquoi nous contenter de moins que ce que nous voulons ? Toutefois, comme nous allons le voir, la résistance est le pire ennemi du changement. Refuser les circonstances de la vie risque de les maintenir plus solidement en place.

Une des formes très répandues de résistance consiste à se refermer, une attitude que la première invitation, « Tout ressentir », a examinée en détail. La première invitation a également traité de la manière dont nous utilisons certaines idées, c'est-à-dire des histoires fallacieuses, pour renforcer nos fermetures émotionnelles et nous convaincre que nous serions mieux en ne ressentant rien du tout. Mais plusieurs idées sont elles-mêmes des résistances. C'est sur ces idées que se penche la troisième invitation. Que nous en soyons conscients ou non, la résistance mentale peut imprégner chacun de nos moments en état de veille.

Qu'est-ce donc que la résistance mentale ? Elle commence par la condamnation de ce qui se passe à un moment donné ; la situation peut être extérieure ou en nous. Dans les deux cas, une pensée surgit : Cela ne devrait pas être ainsi. Cette pensée peut porter sur n'importe quoi, comme les mauvais traitements exercés sur un enfant ou nos propres défauts. De cette pensée initiale naissent de nombreuses pensées associées sur ce qui cloche, les raisons qui font que ça cloche et ce qui ferait que les choses soient différentes.

Supposons que vous rouliez dans un nid-de-poule. Votre première réaction sera peut-être la surprise, la frustration ou le mécontentement. Soudain, vous vous surprenez en train de penser :

Je ne devrais pas avoir à supporter cela. Tous les jours, c'est la même chose. Vont-ils un jour réparer ces rues? Qu'est-ce qui ne tourne pas rond dans cette ville? Encore, s'ils ne m'égorgeaient pas avec leurs taxes… Où va donc tout cet argent? Il va dans les poches de certaines personnes. Il y a tellement de corruption, c'est insupportable. Ce n'est pas seulement ici, c'est partout. Comme il est naïf de vouloir faire preuve de générosité quand tout le monde ne veut que prendre!

Une pensée de résistance est une pensée négative. Les pensées négatives se soutiennent les unes les autres et provoquent une fermeture mentale. Même si elle se produit dans l'esprit et non dans le corps, la fermeture mentale ressemble à la fermeture émotionnelle. Elle nous coupe du moment présent et de la libre circulation de l'énergie vitale. De plus, elle nous rend incapables de ressentir l'amour ou d'avoir accès à sa puissance.

Comme vous le savez maintenant, l'amour est la force universelle d'ouverture et de communication. Il vous entoure sans cesse et il émane de votre propre cœur. Mais, pour en faire l'expérience, il faut le *recevoir*. Avec un esprit fermé, vous ne pouvez recevoir. L'amour n'a aucune chance de pénétrer.

Dans la perspective de l'amour, la réalité ne peut jamais être bonne ou mauvaise. Elle est simplement ce qu'elle est. Habituellement, quand on entend ces mots, on proteste: « Prétendez-vous qu'il ne soit pas mauvais de maltraiter un enfant? Devrions-nous accepter cette situation, de même que tout ce qu'il y a de mauvais dans la vie? Comment cela peut-il être à l'avantage de l'amour? »

La réponse à ces questions vient sous forme de paradoxe. Vous ne pouvez changer ce que vous n'avez pas d'abord accepté. Il ne s'agit pas d'une acceptation de surface; vous devez vous y impliquer de tout votre être. Plusieurs personnes sont familiarisées avec ce concept, grâce aux programmes en douze étapes qui enseignent que, pour vaincre une dépendance, il faut en premier lieu admettre la profondeur et la force de la maladie.

Cette acceptation inconditionnelle est nécessaire non seulement pour venir à bout d'une dépendance, mais aussi pour résoudre tout problème intérieur ou extérieur. Tant que vous résistez, vous ne pouvez pas voir complètement et clairement le problème. Tant que vous résistez, vous demeurez enlisé dans la négativité. Tant que vous résistez, il est plus que probable que la solution que vous trouvez au problème ne fera que le perpétuer sous une autre forme.

Peut-être avez-vous fait l'expérience d'un tel cycle dans vos relations: vous quittez votre conjoint à cause d'affrontements constants que vous allez répéter avec un autre. Peut-être avez-vous fait l'expérience d'un cycle semblable concernant un problème de poids ou un défi professionnel: malgré tous vos efforts, vous avez été incapable d'aller plus loin. Tous ces phénomènes portent la marque d'une résistance bien ancrée. La volonté de réussir est présente, mais elle est voilée par l'incapacité d'accepter la réalité et de laisser l'amour faire son œuvre.

La recherche du changement quand la résistance nous habite est aussi frustrante qu'elle est inefficace. C'est comme essayer de se relaxer tout en se bagarrant avec quelqu'un. Imaginez-vous en train de vous battre pour faire réparer les rues de la ville en affichant une attitude négative. Vos accès de colère à l'hôtel de ville vous aliéneraient presque à coup sûr même vos meilleurs alliés. Vos lettres aux journaux vous mettraient à dos les lecteurs plutôt que de les gagner à votre cause. Si vous alliez de porte à porte pour faire signer une pétition, plusieurs vous enverraient très probablement promener.

Au contraire, la poursuite du changement avec un esprit complètement ouvert est enrichissante, excitante et libératrice. Imaginez la même croisade contre les nids-de-poule après vous être décontracté. Vous n'aimeriez pas davantage les nids-de-poule, mais, chaque fois que vous en rencontreriez un, au lieu de vous refermer, vous seriez stimulé. Les fonctionnaires, les lecteurs de journaux et vos voisins sentiraient tous votre enthousiasme communicatif. Votre attitude positive les influencerait presque à coup sûr et il y aurait de grandes chances pour qu'ils vous appuient. Si vous vous heurtiez à une forte opposition à votre campagne, vous seriez en mesure de faire valoir votre point de vue avec conviction et clarté.

La vie entière est remplie de nids-de-poule. Mais la résistance à ceux-ci peut vous entraîner dans des abîmes beaucoup plus profonds et dangereux. Quand vous savez contourner ces trous sans y tomber, vos voyages deviennent aussi satisfaisants que vos destinations. De plus, vous arrivez beaucoup plus frais et dispos. Même s'il subsiste encore des nids-de-poule, malgré vos efforts pour les éliminer, ce n'est qu'une nouvelle occasion de reconnaître et de libérer vos résistances. Rappelez-vous que l'harmonisation avec l'amour se fait graduellement durant la vie entière.

Malgré tous les bienfaits qu'apporte la non-résistance, de nombreuses personnes éprouvent de sérieuses difficultés à accueillir la troisième invitation. Elles soutiennent avec énergie que les choses *devraient* vraiment être différentes. « On devrait sauver la forêt tropicale. » « Les gens qui souffrent du sida devraient tous avoir droit à des soins. » « On devrait jeter en prison les trafiquants de drogue. » Les croyances se font plus passionnées en ce qui concerne la vie de tous les jours : « Mon conjoint devrait cesser de m'insulter. » « Mon patron devrait apprécier mon travail. » « Mes enfants devraient obéir. »

Bien sûr, ces assertions ne sont pas dénuées de justesse. Mais ce n'est pas là la question. Ce qui importe, c'est de savoir quel genre de rapport nous avons avec ce qui existe maintenant et de savoir si nous allons laisser la résistance miner notre énergie vitale et embrouiller notre vision.

Vous rétorquerez sans doute : « Bien sûr, ce n'est pas ce que je désire. Mais la réalité me rend parfois fou. Ma réaction semble être la bonne. Cela ne mine pas toujours mon énergie ; parfois ça me motive. Je serais stupide d'agir mollement tout le temps, ça serait une comédie. »

Si la colère surgit, de grâce accueillez-la. Si vous agissiez autrement, il vous serait impossible d'accepter la première invitation et de tout ressentir. Votre colère s'envenimerait, elle s'incrusterait en vous et s'exprimerait dans des situations sans rapport avec elle. Ressentir la colère ne signifie pas ajouter foi à toutes les pensées de résistance qu'elle suscite. Cela ne signifie pas non plus qu'il faille se forger une opinion rigide sur ces pensées. Une telle réaction rendrait impossible l'acceptation de la deuxième invitation: tout remettre en question.

Avoir un accès de colère ou émettre à l'occasion une opinion tranchée, voilà qui est tout à fait naturel et anodin. En revanche, de fréquentes sautes d'humeur ou de fréquents jugements sont des signes de fermeture mentale.

Accepter la troisième invitation implique d'être attentif à vos pensées. Il vous faudra apprendre à reconnaître vos pensées négatives récurrentes, qui sont des signes de résistance. Une fois que vous avez une conscience nette de la résistance en vous et chez les autres, il vous est aisé de constater combien elle peut facilement mener à l'inertie et à la souffrance.

D'un autre côté, quand vous consentez à abandonner votre résistance, votre certitude quant à la manière dont une situation doit changer disparaît également. Vous êtes libre d'être de nouveau disponible et d'envisager de nouvelles possibilités. Cela mène parfois à de meilleures solutions et, en d'autres occasions, cela permet une complète réévaluation du problème.

De la résistance découle un désaccord entre nous et le monde qui nous entoure. Autrement dit, la résistance crée des ennemis. Cela est vrai, que cet ennemi soit vous-même, un autre, un groupe ou un aspect de l'existence. Toute votre vie, vous avez entendu cette phrase: «Aimez vos ennemis.» Pourquoi pas? Combien libérateur serait un tel amour! Mais le dire est une chose et le vivre en est une autre. Ni la volonté ni le travail acharné ne peuvent engendrer une telle transformation. Il faut la ressentir comme étant juste et vraie. C'est ce qui se produit lorsque vous ne résistez à rien.

La lumière sur la troisième invitation

Tout ce sur quoi nous fermons les yeux,
tout ce que nous fuyons, tout ce que nous nions
ou dénigrons finit par nous défaire.
Ce qui semble désagréable, douloureux
et mal peut devenir source de beauté,
de joie et de force quand on l'envisage avec un esprit ouvert.

Henry Miller

Commencez en vous-même

L'examen de la liste de vos idéaux personnels met en relief la résistance qu'ils peuvent engendrer.

De quoi se nourrit votre résistance? Qu'est-ce qui vous pousse à sans cesse vous fermer mentalement? Quelles sont ces épuisantes pensées négatives qui, pendant longtemps, prolifèrent d'elles-mêmes avant que vous ne les reconnaissiez? Répondre honnêtement à ces questions vous permet d'accepter la troisième invitation.

Commencez en vous-même. Examinez les choses que vous aimez le moins dans votre personnalité. Celles-ci sont susceptibles d'englober les mêmes traits que vous avez jugés négatifs dans la section «Les tons de gris» (p. 69). Peut-être estimez-vous ne pas être assez intelligent, séduisant, charmant ou ambitieux. Peut-être vous considérez-vous comme trop timide, sensible, exigeant ou dispersé.

Pour chaque cas, s'il s'applique à vous, il existe un idéal que vous avez vous-même créé et que vous n'avez pas atteint. Les idéaux correspondant aux quatre derniers jugements énoncés plus haut seraient: *on devrait vaincre ses peurs; on devrait se moquer de ce que les autres pensent de soi; on devrait être tolérant; on devrait être discipliné.*

Envisagés dans une perspective morale, ces idéaux commenceraient par les mots: *Les bonnes personnes devraient...* S'ils se fondaient sur l'idée de réussite, ils commenceraient par: *Les gens qui réussissent devraient...* S'ils se rapportaient à la croissance personnelle, ils commenceraient par: *Les gens conscients devraient...*

À quels idéaux fondamentaux vous accrochez-vous? Concernent-ils surtout la morale, la réussite, la croissance ou un mélange des trois? Posez ce livre quelques instants et jetez sur papier vos dix principaux idéaux personnels, c'est-à-dire les idéaux axés sur vous-même. En d'autres mots, ces idéaux ne concernent pas le comportement des autres, mais le vôtre. Laissez-les venir sans les filtrer, sans indulgence, avec sérieux et sincérité. Assurez-vous que ces idéaux couvrent tous les aspects de votre vie: le travail, le jeu, l'amour, la famille, l'amitié, la santé et l'esprit. Voici une liste d'exemples qui pourraient vous aider à démarrer:

Je devrais travailler plus fort que quiconque au bureau.
Je devrais gagner plus d'argent que mes parents.
Je devrais me forcer à sortir de la maison tous les week-ends.
Je devrais traiter mon conjoint avec tendresse et respect.
Je devrais voir à ce que mon conjoint fasse de même.
Je devrais me tenir au fait de la vie des membres de ma famille.
Je devrais appeler mes plus proches amis au moins une fois par semaine et les voir une fois par mois.
Je devrais être actif et en forme, et faire de l'exercice au moins trois fois par semaine.
Je ne devrais rien laisser se mettre en travers de ma croissance spirituelle.
Je devrais tenir quotidiennement un journal, prier, méditer.

Une fois votre liste terminée, classez-en les éléments par ordre d'importance. Puis, classez-les selon l'importance du rôle qu'ils jouent dans votre vie quotidienne. Prenez ensuite un moment pour digérer toute l'information. Y apprenez-vous quelque chose sur vous-même?

Lorsque vous aspirez à un idéal sans parvenir à l'atteindre, une résistance peut se manifester rapidement. Celle-ci prend habituellement la forme de l'autocritique. Si l'on revient à la liste ci-dessus, les pensées suivantes pourraient apparaître: *je ne suis pas assez discipliné; je ne suis pas assez riche; je suis ennuyeux; je suis égoïste et mesquin; je suis un mou; je laisse tomber ma famille; je suis un mauvais ami; je suis paresseux; je néglige Dieu; je suis une mauvaise personne.* L'important est de comprendre que ces pensées sont toutes de vagues jugements de valeur. Elles créent un environnement intérieur négatif et dépourvu d'amour. Encore plus important, elles ne font que renforcer le *statu quo* ou même empirent les choses.

L'autocritique, bien entendu, n'est pas toujours négative. Il est possible de découvrir et d'accepter un défaut, d'établir une stratégie pour s'améliorer, puis de mettre cette stratégie en application dans l'enthousiasme, avec un cœur et un esprit ouverts. Si vous n'êtes pas sûr de la nature de votre autocritique, voici une manière facile d'établir la différence. L'autocritique liée à la résistance vous écrase, alors que l'autocritique libre vous élève et vous stimule. Lorsque votre désir d'améliorer les choses vous remplit d'enthousiasme, il n'existe aucune raison de changer de perspective. Mais quand votre manière d'être engendre une profonde frustration ou quand l'idée de changement suscite un sentiment de futilité, il y a à coup sûr une résistance qu'il importe d'examiner.

L'autocritique excessive associée à la résistance peut facilement s'enraciner, devenir automatique et inconsciente. Les pensées qui en découlent ont tendance à se nourrir d'elles-mêmes, à être axées uniquement sur la négativité et elles constituent un réservoir inépuisable de réponses à la question: «Qu'est-ce qui ne va pas en moi?» Ce cycle de question-réponse pour le moins démoralisant crée souvent un bruit de fond mental qui étouffe les autres pensées et engendre un énorme stress.

Être attentif au stress et l'explorer risque au début de faire naître une grande inquiétude en vous. La fréquence et l'intensité de votre autocritique peuvent vous paraître accablantes et incontrôlables. Cela peut vous sembler être l'unique et infranchissable barrière entre l'amour et vous. Heureusement, comme nous allons le voir, il n'en est rien.

Le pouvoir de l'acceptation

Les pensées de résistance
ne peuvent survivre sans une lutte.

L'attention que vous portez aux pensées de résistance et au processus de la pensée en général révèle de nouvelles informations. Vous en venez à réaliser qu'il existe deux types de pensées: celles dont vous êtes le créateur (par exemple, les pensées créatrices au travail, celles qui vous aident à résoudre des problèmes) et celles qui naissent d'elles-mêmes. C'est ce dernier type de pensées, auquel appartient la résistance, qui vous habite la plupart du temps.

Voyez ce qui se passe lorsque vous conduisez, courez les magasins ou lisez un livre et que, soudain, votre concentration se relâche. Une pensée vagabonde surgit de nulle part, puis une autre. Elles peuvent être importantes ou non, interreliées ou non. En un instant, votre esprit perd le fil complètement: il va au bout du monde et en revient.

Dans la perspective de la troisième invitation, il n'y a là ni problème ni faiblesse. C'est plutôt dans la nature de l'esprit. C'est pour cette raison que vous avez si peu de prise sur lui et que la lutte contre les pensées de résistance est rarement couronnée de succès. Même si vous vous y efforcez, il est presque impossible de ne pas avoir de telles pensées. Pourquoi? Parce que ce n'est pas vous qui créez ces pensées; elles naissent spontanément de votre inconscient. Vous n'êtes pas responsable de leur présence. Ce dont vous *êtes* responsable, en revanche, c'est de la manière que vous réagissez. Lorsque vous réagissez à une pensée de résistance en y résistant, vous ne faites que jeter de l'huile sur le feu. Vous gaspillez une précieuse énergie en tentant de vous protéger de ce qui existe déjà et en vous opposant au courant naturel de la vie.

Ce point est tellement important qu'il est nécessaire de l'expliquer davantage. Revoyons la litanie des vagues jugements de valeur de la section précédente. *Je ne suis pas assez discipliné; je ne suis pas assez riche; je suis ennuyeux; je suis égoïste et mesquin; je suis un mou; je laisse tomber ma famille; je suis un mauvais ami; je suis paresseux; je néglige Dieu; je suis une mauvaise personne.* Ce sont là des pensées fortement empreintes de résistance, et vous vous porteriez mieux sans elles. Pourtant, vous n'avez ni le pouvoir de les faire surgir ni celui de les réprimer quand elles se manifestent. De plus, vous ne pouvez pas les chasser quand elles sont là. En fait, toute tentative en ce sens ne ferait que prolonger votre fermeture mentale et, par conséquent, écarterait l'amour.

Par contre, sans lutte ni stress excessifs, vous *pouvez* arrêter n'importe quel flot de pensées de résistance. En même temps, avec la même méthode, vous pouvez en limiter la réapparition. Pour ce faire, il vous faut seulement les accepter.

L'acceptation de vos pensées de résistance exige deux choses: d'abord, vous devez en prendre conscience, puis vous devez les accueillir complètement. Ce processus ne diffère pas de celui que vous avez appris dans le cadre de la première invitation, alors que vous acceptiez les sentiments difficiles. Par exemple, la plupart du temps, vous ne choisissez pas de vous sentir seul. Mais, une fois que vous avez reconnu que vous *êtes* seul, vous laissez cette solitude être ce qu'elle est. Vous accordez au sentiment de solitude tout le temps et tout l'espace nécessaires à son effritement, en constatant que cela favorise aussi un effritement rapide. De même, vous ne choisissez pas de penser «je suis un mou», mais, une fois que vous avez pris conscience de la présence de cette pensée, vous l'accueillez chaleureusement, vous l'appréciez. Vous faites cela même si la pensée vous trouble, même si vous n'y croyez pas vraiment.

Supposons qu'au cours d'une réunion au travail on aborde un sujet sur lequel vous avez beaucoup à apporter. Cependant, au lieu de prendre la parole, vous gardez le silence. Plus tard, un torrent de pensées de résistance déferle: *Pourquoi n'ai-je pas parlé? J'ai une meilleure perspective que quiconque ici. Je crains qu'on ne me fasse taire ou qu'on ne me critique. Je suis toujours comme cela. Je suis si petit, si lamentable. Les gens qui veulent avoir du succès devraient vaincre leur peur. Ils devraient se moquer de ce que les autres pensent d'eux. C'est exactement pour cela que je ne réussis pas. C'est pour cela que je ne réussirai jamais.*

Ce torrent va peut-être couler pendant un bon bout de temps avant que vous en preniez conscience. Avec de l'entraînement, cette prise de conscience se fait beaucoup plus vite. Vous distinguerez facilement les pensées de résistance: elles attireront votre attention comme un coup de tonnerre. Quand cette reconnaissance se produit, il s'agit pour vous d'accepter. Rappelez-vous que l'acceptation ne signifie pas que vous aimez ces pensées ou que vous croyez en elles. Cela signifie simplement que vous les regardez paisiblement.

L'acceptation est un processus silencieux — elle ne porte aucun mot —, mais, transcrite dans le langage, elle pourrait se dire ainsi: « La résistance... mmm... merci... Prends ton temps, étends-toi, demeure le temps que tu veux. » Vous aurez amplement le temps, plus tard, de découvrir ce qu'il y a de vérité dans votre réaction spontanée. Il y aura aussi des occasions pour trouver une meilleure façon de faire face à une semblable situation dans le futur. Avant tout, vous devez préparer le terrain par une acceptation sans conditions.

À la suite d'une telle acceptation, vous vous détendez. Vous vous distanciez des pensées et vous êtes moins emporté par elles. Elles ressemblent parfois à des enfants au mauvais caractère, elles hurlent à mort, mais, en fait, elles ne réclament qu'un peu d'attention. Parfois, avec toute leur force destructrice, elles peuvent même avoir un air comique, presque ridicule.

Cela semble peut-être aller contre le bon sens. Peut-être croyez-vous qu'une telle réaction fera que les pensées de résistance gagneront en force, se déchaîneront et viendront tout gâcher. Mais là est l'ironie: elles ne le font presque jamais. Devant un accueil aussi généreux, les pensées de résistance s'affaiblissent et capitulent.

Il en est ainsi, bien sûr, jusqu'à l'arrivée de la prochaine pensée de résistance, ce qui ne prend que quelques secondes. Celle-ci sera pareillement accueillie et elle se dissipera de la même manière. Chaque fois, une nouvelle fissure apparaît dans le mur de votre résistance, ce qui permet à l'amour de s'y infiltrer et d'y briller, timidement au début, mais bientôt en abondance. Dans cet environnement transformé, les pensées de résistance deviennent de moins en moins fréquentes ; elles sont remplacées par des pensées d'amour et de compassion. Tout comme les pensées de résistance, ces pensées positives se nourrissent les unes des autres et prolifèrent rapidement. Cela se produit même dans le feu de l'action, spontanément, sans effort délibéré ni intention consciente.

Le réalignement

L'autocritique nuisible peut se transformer en observation utile.

L'accueil des pensées de résistance vous adoucit et vous fait grandir. Cela crée l'espace nécessaire pour l'élargissement de votre perspective et l'approfondissement de votre compréhension. Le réalignement constitue un outil très utile dans cette démarche.

Se réaligner signifie reculer d'un bon pas et évaluer toute situation difficile à partir d'un espace plus objectif. Cela veut dire détourner votre regard de ce que vous pensez être mauvais dans une situation donnée pour vous concentrer sur une observation exempte de jugements. Dans le scénario de travail précédent, vous vous êtes trouvé envahi par l'autocritique et la résistance pour ne pas avoir participé à la discussion. Vous étiez complètement tourné vers ce que vous n'aviez pas fait et ce que vous auriez dû faire. Une fois toutes ces pensées de résistance reconnues et acceptées, vous pouvez vous réaligner. Vous réaligner sur ce qui est arrivé en réalité peut vous mener à des observations comme celle-ci : *J'ai une contribution valable à apporter. J'avais peur. Ma peur m'a empêché de parler.*

Cette explication honnête est beaucoup plus facile à accepter. Elle ne comporte pas de qualifications négatives telles que « lamentable ». Elle est également dépourvue de condamnations du genre : « Je ne réussirai jamais. »

Le réalignement d'une pensée de résistance peut favoriser une plus grande acceptation dans presque n'importe quelle situation. Quand vous mangez trop, votre résistance peut imaginer une histoire d'obésité et de paresse de toujours. Vous pouvez réagir en vous réalignant sur le laisser-aller temporaire et sur toute fermeture émotionnelle qui s'y rattache: *Je pensais prendre deux bouchées, mais j'ai tout mangé. Je ne sais pas trop pourquoi, mais j'ai été stressé à propos de l'argent ces derniers temps.*

Quand vous faites une scène à un être aimé, votre résistance peut vous porter à l'exagération, au point que vous vous voyiez comme une brute. Mais le réalignement vous raconte une histoire différente: *J'ai perdu mon sang-froid. J'ai crié. J'ai dit des choses que je ne pensais pas, car j'étais en colère et très blessé.*

Choisissez un élément de votre vie qui provoque régulièrement de la résistance en vous. Rappelez-vous les pensées de résistance qui surgissent alors le plus fréquemment, avant toute acceptation et tout réalignement. Il est utile de les jeter sur papier pour les voir clairement. Par exemple, vous pourriez choisir votre vieux problème de procrastination. Votre liste de pensées de résistance habituelles pourrait comprendre celles-ci: *Encore! Je n'ai jamais ce qu'il faut pour accomplir les tâches. Les autres n'ont pas l'air d'avoir ce problème. Ils font face à leurs difficultés tout simplement et ils continuent. J'imagine que c'est sans solution; je suis un raté. Je devrais cesser de souhaiter que les choses changent, car elles ne le feront pas. De toute évidence, je ne mérite rien de mieux.*

Après avoir passé en revue votre liste de pensées, il reste à les accepter. Comme nous l'avons vu, accepter n'est rien d'autre qu'envisager favorablement l'existence de ces pensées. Comme elles existent déjà, votre acceptation vous aligne sur la réalité. Cela veut dire que, bien que les pensées veuillent se battre contre vous, vous refusez ce combat. À la place, vous en prenez acte silencieusement et calmement. *Oh! C'était certainement là une belle tirade. Je te reçois bien.*

Une fois que vous avez pleinement accepté les pensées de résistance, vous noterez une absence de négativité envers elles. Vous allez peut-être les regarder de façon neutre, peut-être avec un sentiment de déception, mais, quoi qu'il en soit, vous n'essaierez pas de les expulser. Cela veut dire que vous êtes prêt à vous réaligner, à prendre du recul par rapport aux pensées et à noter tous les jugements de valeur et les condamnations associés. Dans l'exemple donné plus haut, ce genre de jugements et de condamnations s'exprime ainsi : *Je n'ai jamais ce qu'il faut. Je suis un raté. Les choses ne vont pas changer. Je ne mérite rien de mieux.*

Plus vous êtes prêt à accueillir la réalité de cette façon, moins elle semble problématique. Vous découvrez bientôt un grand soulagement dans le fait d'arrêter d'intensifier votre résistance en la combattant. Votre armure de protection commence à tomber. Vous en venez à apprécier les circonstances mêmes qui vous étaient naguère insupportables, car elles sont le catalyseur de votre croissance. Cette croissance, soutenue par l'acceptation et le réalignement, permet à votre amour de grandir lui aussi.

Explorer

Remettre en question vos croyances fondamentales réduit les résistances tenaces.

La troisième invitation va de pair avec la deuxième. Il est souvent nécessaire de ne résister à rien avant de pouvoir tout remettre en question. Le torrent de pensées de résistance qui déferle en nous tire une bonne partie de sa force des croyances que nous ne remettons pas en question.

Pour illustrer, revenons à notre exemple précédent. La résistance qui s'est manifestée durant la réunion de travail est née de la croyance que, pour réussir, il faut vaincre la peur par le courage. C'est l'absence momentanée de courage qui a mené à la conclusion : « Je ne réussirai jamais. »

Examinons maintenant cette croyance. Est-il vrai que beaucoup de gens sont courageux ? Au dire de tous : oui. Mais est-il vrai que *tous* les gens qui réussissent sont *toujours* courageux ? Certainement pas. Certains se hissent au sommet surtout à cause de leur hérédité. D'autres se trouvent au bon endroit au bon moment. D'autres s'inquiètent énormément de ce que les autres pensent d'eux. D'autres sont aux prises avec une peur persistante.

Dans certains cas, le courage est effectivement la pierre angulaire du succès. Dans votre cas, qui sait ? Dans le meilleur des cas, la croyance sur laquelle repose votre résistance n'est que partiellement vraie. Au pire, elle est totalement erronée. Remettre en question cette croyance, voir à travers elle, peut faire fondre la résistance sur-le-champ.

Chaque fois que vous remettez en question les croyances sous-jacentes à votre résistance, vous approfondissez un peu votre entraînement. Bientôt, cela n'exigera de vous qu'un petit effort et finira par devenir votre seconde nature.

Sous la plupart des croyances sous-jacentes se terrent cependant des convictions encore plus profondes qui exigent un peu plus de fouilles pour être découvertes. Dans notre exemple, il faudrait remettre en question non seulement votre croyance que le courage est vital pour réussir, mais aussi l'importance que vous accordez au succès. Un tel examen pourrait mettre en relief des croyances fondamentales du genre *le succès va me rendre heureux* ou *le succès me permettra d'accomplir tout ce que j'ai toujours voulu faire*. Mais ces croyances sont-elles vraies ? Est-il aussi possible que le succès vous rende misérable ? La pression et les responsabilités ne pourraient-elles pas devenir écrasantes ? Ne pourriez-vous pas vous retrouver avec moins de temps libre plutôt que davantage ? La réponse à toutes ces questions, bien sûr, est *oui*. Est-ce que ces hypothèses vont se réaliser ? La véritable réponse est : *qui sait ?*

Revoyez la liste de vos dix idéaux principaux de la section « Commencez en vous-même » (p. 97). Pour chaque idéal, voyez si vous pouvez déterminer, puis remettre en question quelques-unes des croyances fondamentales qui l'ont inspiré. Ainsi, l'idéal « je devrais toujours être gentil » pourrait être alimenté par la croyance de base que la gentillesse est bonne. Mais est-elle *toujours* bonne ? N'y a-t-il pas des situations où il est plus important d'agir avec force et de façon directe ?

L'idéal « je devrais toujours travailler le plus fort possible » peut être issu de la croyance de base que le travail est la condition du succès. Mais en est-il *toujours* ainsi ? Certaines des plus grandes idées ne naissent-elles pas des jeux de l'imagination ou d'une rêverie par une belle journée tranquille ?

L'idéal « je devrais découvrir et corriger tous mes défauts » peut venir de la croyance de base que le but de la vie spirituelle est la perfection. Mais est-ce le *seul* but ? Accueillir l'imperfection ne fait-il pas aussi partie de la vie spirituelle ?

Nous sommes parfois tellement empêtrés dans nos croyances de base qu'il ne nous est même pas possible de les formuler. Si vous pensez que ce pourrait être votre cas par rapport à ce qui sert de fondement à vos dix idéaux principaux, demandez alors à quelqu'un de vous aider à explorer cela. Un point de vue extérieur peut presque toujours faire la lumière sur vos croyances de base. Cela peut aussi vous aider à évaluer la justesse de ces croyances.

Remettre en question vos croyances de base, c'est comme tirer un tapis brusquement pour l'arracher à une résistance. Comme vous ne savez plus toujours ce qui est juste, vos idéaux personnels se font plus spacieux et plus accommodants. Vous êtes capable de vous accepter vous-même sous ce qui semble être votre pire jour et c'est ce qui vous aide à manifester le meilleur.

Portrait : et si j'étais vraiment faux ?

Robert a consacré les vingt dernières années de sa vie à assurer le développement de sa propre firme-conseil. Nageant dans le succès, avec son personnel de soixante employés, il fournit des services de comptabilité à de nombreuses entreprises importantes. On lui a un jour demandé de prendre en charge un projet beaucoup plus ambitieux que jamais auparavant. Une partie de lui voulait refuser, par peur de tout le travail supplémentaire et d'un échec possible, mais une autre partie était excitée et flattée, et lui rappelait qu'il devait cela à ses associés. Après bien des hésitations, il signa le contrat.

Durant les mois qui suivirent, il se sentit de plus en plus dépassé. Robert regrettait sa décision. Il sentait que la firme était poussée au bout de ses capacités et que le travail en souffrait. Le client ne semblait encore se douter de rien…

Robert perdit bientôt le sommeil. Presque tous les jours, il était anormalement susceptible et ombrageux. Il consulta un psychiatre, qui lui recommanda de prendre des médicaments tant pour la dépression que pour l'anxiété. Robert recula à cette idée, souhaitant voir d'abord s'il ne pourrait pas régler le problème lui-même.

Il commença par être très attentif à ses pensées de résistance. Leur persistance et leur virulence le troublèrent. *Tu es tellement décevant, tellement faux. Tu ne mérites pas de diriger une entreprise. Maintenant, tout le monde va enfin s'en rendre compte. Ta femme va te laisser si elle sait ce qui lui convient. N'importe qui le ferait.*

Robert essaya d'accepter toutes ces pensées de résistance, l'une après l'autre, à mesure qu'elles se présentaient, mais au début ce fut trop difficile. Il décida donc de se réaligner. Faisant appel à une partie de lui-même plus détachée, il mit en relief la situation: *Il semble que j'ai eu les yeux plus grands que la panse. Les autres ne semblent pas s'en inquiéter, mais j'ai le sentiment qu'ils vont bientôt le faire. Toute cette pression a fait naître beaucoup de honte. Je sens que cela découle aussi de la honte vécue durant l'enfance.*

Le réalignement n'a pas fait diminuer les pensées de résistance, mais il a donné à Robert un certain recul par rapport à elles. Cela lui a permis de commencer une exploration sérieuse. D'entrée de jeu, il a reconnu un idéal personnel central: *Je ne devrais pas décevoir les autres.* En fouillant sous cet idéal, il a découvert une croyance fondamentale: *Décevoir les autres, ou même simplement penser que je les ai déçus, fait de moi une mauvaise personne.* Ensuite, en dépit de tous ses succès, Robert a dû faire face à une croyance encore plus profondément enfouie: *Je suis une mauvaise personne.*

Cette découverte le renversa. Avec beaucoup de soutien, Robert tenta d'accepter cette partie de lui qui portait un jugement aussi brutal. Il le fit avec autant de tendresse et de compassion qu'il le pouvait, mais la résistance ne faiblit que très peu. C'est alors que, avec l'aide d'un conseiller, il fit un pas décisif.

Jusque-là, Robert avait espéré cesser d'entretenir toutes ces pensées négatives. Il voulait par-dessus tout s'en débarrasser. À ce moment, il décida d'imaginer qu'elles étaient toutes vraies. Pendant un bref instant, il envisagea cette possibilité: *Et si j'étais décevant? Si je ne méritais pas mon succès? Si j'étais fondamentalement une mauvaise personne?*

Robert craignait que cette expérience ne l'anéantisse, il avait peur de perdre tous ses moyens pour de bon, mais ce qui se produisit fut fort différent. Il ne ressentit que du soulagement. Imaginer que la situation était désespérée lui permit de laisser aller, de renoncer à la lutte, de cesser de se frapper la tête contre un mur qui ne se fissurerait jamais. Il ne donnait pas pour autant son accord à ces idées, mais il en acceptait le contenu et l'existence.

Après ce changement, les pensées commencèrent finalement à diminuer. À la place, il lui venait de la tristesse et un sentiment de vulnérabilité. Ces sentiments étaient présents depuis le début, bien sûr, mais Robert était maintenant libre de les accueillir. De plus, il pouvait demander de l'aide et laisser des collègues de travail soulever un coin du voile de son autorité. Ceux-ci, auparavant paralysés par le sentiment de panique qu'ils sentaient en lui sans le dire, étaient heureux qu'il leur demande du soutien.

Il devint plus aisé de gérer le projet. Robert retrouva une partie de ses forces et recommença à dormir. Toutefois, ses pensées de résistance ne disparurent pas automatiquement. En fait, elles refirent surface de manière épisodique, mais, avec l'acceptation, le réalignement et le questionnement, il disposait désormais de plusieurs outils pour y réagir. La capacité de le faire le remplit d'une nouvelle estime de lui-même.

Ce qui est

L'acceptation de la réalité telle qu'elle est vous permet de distinguer la résistance et le discernement.

Jusqu'à maintenant, au fil de l'examen des pensées de résistance et de la manière de les accepter, notre attention était tout entière concentrée sur vous. Il faut de la patience et beaucoup d'attention pour devenir habile à reconnaître et à laisser aller la résistance envers vous-même. Une fois familiarisé avec la démarche de base, vous découvrirez qu'elle est aussi efficace en ce qui touche la résistance concernant les autres.

La meilleure manière d'explorer cette résistance envers l'extérieur consiste à commencer près de vous pour ensuite élargir le champ de votre prise de conscience. Il s'agit donc de vous pencher d'abord sur le cercle de vos amis et celui de votre famille. Comment les voyez-vous, individuellement et collectivement? Comment vous perçoivent-ils? Comment communiquez-vous et interagissez-vous les uns avec les autres? Est-ce qu'il y a là une cause de résistance de votre part?

En y regardant de près, vous allez probablement découvrir que ces relations sont chargées de résistance. Si vous ne les voyez pas ainsi au début, laissez vos pensées de résistance monter en toute liberté. Pensez ensuite à trois ou quatre personnes parmi vos proches en vous concentrant sur les sources habituelles de conflit entre vous. Pour chaque personne, complétez autant de fois qu'il est nécessaire la phrase: «Je souhaiterais parfois qu'il ou elle...» Faites de même avec la phrase: «Je souhaiterais parfois qu'il ou elle ne... pas.»

Ne retenez pas vos critiques, même si leur intensité ou leur portée vous choquent.

Peu importe la fréquence de vos pensées de résistance concernant votre famille et vos amis, il est toujours possible de les accueillir favorablement. Ces pensées n'apparaissent qu'une à la fois et on ne peut donc que les accepter une à la fois. Rappelez-vous qu'accepter les pensées de résistance ne veut pas nécessairement dire changer votre opinion. Cela ne veut pas dire non plus que vos amis ou votre famille devraient ou ne devraient pas changer de comportement. Accepter la résistance constitue une manière d'ouvrir votre esprit et votre cœur. Cela veut dire demeurer en contact avec vous-même et avec les autres, même quand la chose semble presque impossible. Cela veut dire faire l'expérience de l'amour à chaque instant et ensuite partager cet amour pour créer de l'espace pour en vivre davantage.

Au début, même quand vous êtes convaincu de ses bienfaits, l'acceptation de votre résistance envers les autres peut parfois s'avérer épuisante ou accablante. Dans ce cas, le réalignement et l'exploration peuvent faciliter le processus. En guise d'illustration, supposons que vous dîniez avec un ami qui ne parle que de lui-même. Voilà que votre attention se relâche et que vous notez un flot de pensées de résistance. *Il ne m'a posé aucune question. Il ne se soucie pas du tout de moi. Il devrait suivre une thérapie. Il devrait apprendre qu'il n'est pas le centre de l'univers.*

Prendre du recul par rapport à ces pensées permet de faire une évaluation plus modérée et réduit la charge émotionnelle : *En ce moment, la conversation n'est pas équilibrée. Elle semble se figer dans un schéma. Je note que cela me met en colère.* En explorant ces pensées, vous pourriez mettre au jour de nombreuses croyances douteuses. Dans quelle mesure votre ami se soucie-t-il de vous ? Impossible de le savoir. Quel effet aurait une thérapie ? Impossible de le savoir. Croit-il vraiment être le centre de l'univers ? Encore là, impossible de le savoir.

Ces croyances douteuses sont peut-être reliées à un idéal centré sur l'extérieur : *Mes amis devraient se soucier de moi autant que je me soucie d'eux*. Tout comme les idéaux personnels, c'est-à-dire les idéaux centrés sur soi, dont nous avons parlé plus haut, les idéaux centrés sur l'extérieur non reconnus peuvent engendrer une résistance considérable. Derrière l'idéal particulier précité pourrait se profiler la croyance de base que les bonnes amitiés sont toujours parfaitement équilibrées.

La poursuite de votre exploration vous permettrait de remettre en question l'universalité de votre croyance de base. L'amitié doit-elle être *toujours* équilibrée ? Le point d'équilibre ne peut-il pas se déplacer de temps à autre ? Les amis ne s'apportent-ils pas l'un à l'autre des choses fort différentes ? Comment alors fixer le point d'équilibre ? N'y a-t-il pas des gens plus enclins à donner et d'autres plus enclins à recevoir ? De telles questions sont propres à vous aider à assouplir vos certitudes par rapport à la situation en cause. Il est fort probable qu'elles marqueraient le début de l'acceptation. Il est aussi probable que, parallèlement à l'acceptation, vous y gagneriez une meilleure compréhension de la situation.

Cette amitié stagne peut-être depuis un certain temps. Peut-être ne vous apporte-t-elle plus rien. Vous préférez peut-être une réciprocité continuelle, mais cet ami ne peut vous l'offrir. D'un autre côté, l'un de vous ou vous deux nourrissez peut-être un désaccord non exprimé qui a faussé vos réactions l'un envers l'autre. Une clarification de cœur à cœur est peut-être nécessaire pour épurer l'atmosphère et combler le fossé.

La question ici n'est pas de savoir si cette amitié devrait se poursuivre ou se terminer. Le fait est que, tant que vous résistez, vous ne pouvez vraiment savoir. Ainsi, vous pouvez très bien invoquer inconsciemment votre philosophie de l'amitié pour éviter de vous sentir blessé. Votre résistance vous maintiendrait alors dans un comportement de réaction et limiterait vos possibilités. Mais dès que vous découvrez et acceptez la résistance, vous devenez libre de prendre des décisions qui sont en phase avec l'amour.

Une fois que vous avez acquis la capacité de déceler la résistance et l'avalanche de pensées négatives qu'elle déclenche, celles-ci vous paraissent soudain omniprésentes. Au travail, sur la route, chez le dentiste, à l'épicerie, vos pensées de résistance, vous semble-t-il, se placent continuellement en travers de votre chemin. Vous en venez même à considérer comme suspectes toute réaction, toute opinion et toute critique. Or il existe une différence notable entre la résistance et le discernement.

La plupart du temps, la résistance porte une « charge négative », qui se traduit par un fort sentiment de tension intérieure. C'est inconfortable, dérangeant et parfois carrément intolérable. Au contraire, le discernement ne porte aucune charge ou alors très peu. Il se peut que vous n'ayez pas aimé tel ou tel film, que vous refusiez de vivre dans une ville donnée ou que vous ne vouliez pas entretenir de relations avec un de vos voisins. Votre évaluation de la situation est alors calme et sereine. Vous vous y référez pour naviguer dans la vie.

Mais il se peut aussi que vous *détestiez* le film, que vous *abhorriez* la ville et *méprisiez* le voisin. Des positions aussi fortes sont susceptibles de porter une charge négative d'égale intensité. Plus forte est la charge et plus forte est la résistance. C'est là où la vie vous dérange le plus que la résistance va certainement se loger. Par conséquent, avant de prendre une décision importante, il est bon de vous demander : *Est-ce que je décide dans la résistance ou dans l'acceptation ?* S'il existe une charge négative en vous, votre décision est probablement fondée sur la résistance. En l'absence d'une telle charge négative, vous exercez probablement votre discernement.

Prendre position

Lorsque vous ne résistez plus au monde,
vous pouvez l'améliorer.

L'élargissement du champ de votre prise de conscience vous rend plus réceptif aux nouvelles du jour. Que vous les attendiez avec impatience ou que vous fassiez tout pour les éviter, le désarroi du monde s'insinue néanmoins dans votre esprit, entraînant peut-être à sa suite de nouvelles résistances.

Après un reportage sur l'ivresse au volant, vous voilà en train de dénoncer l'intempérance. Après un reportage sur le cancer du poumon, vous maudissez l'industrie du tabac. Après un reportage sur la faim chez les enfants, vous condamnez la société au complet. Encore une fois, vous vous trouvez en rupture avec la troisième invitation.

> *Si je dois accepter tout ce qui se passe dans le monde et demeurer neutre et libre de toute charge émotionnelle, comment puis-je alors vraiment prendre position ? Comment puis-je être moi-même ? Les gens ne sont pas tous semblables. Nous ne sommes pas censés être semblables. Le conflit est ce qui fait tourner le monde.*

Une telle objection mène à une distinction essentielle. Il est possible de prendre position, même avec passion, qu'il y ait ou non résistance. En quoi consiste la différence ? C'est à vous de le voir sur le terrain.

Par exemple, la prochaine fois que vous entendrez parler de terrorisme aux nouvelles, portez une attention particulière à la qualité de vos pensées. Il est fort probable qu'elles renferment une forte charge négative. Vous allez peut-être vous découvrir tendu, effrayé, enragé, déprimé ou en proie à une combinaison de ces sentiments. Votre monologue intérieur typique pourrait être:

> *Pourquoi les gens ne vivent-ils tout simplement pas en paix? Le cercle de la violence va-t-il prendre fin un jour? Ce sont toujours les innocents qui souffrent. Et s'il m'arrivait quelque chose à* moi *ou à un des miens? Cette pensée m'est insupportable. Je voudrais qu'elle disparaisse.*

Si vous découvrez que votre point de vue s'articule autour d'une résistance, quelle qu'elle soit, n'en déduisez pas qu'il n'est pas valable. Voyez plutôt cela comme une invitation à l'accepter de tout cœur. Accepter le monde tel qu'il est signifie accueillir la cruauté, l'incertitude et même les tueries. Il est important de répéter qu'une telle acceptation ne sanctionne aucunement la situation en cours et n'exclut pas la possibilité d'une action concrète pour la changer. Cependant, cela vous donne la chance de réagir de manière différente. En écoutant le même topo sur le terrorisme, votre monologue intérieur ressemble peut-être maintenant à ceci:

> *Pourquoi les gens ne vivent-ils tout simplement pas en paix? Le cercle de la violence va-t-il prendre fin un jour? Oh! Je ne mesurais pas ma résistance par rapport à cela. Je sens des vagues de peur et de tristesse. Je reconnais beaucoup de croyances et d'idéaux fondamentaux là-dedans, comme:* Je devrais être en sécurité, le monde devrait être en sécurité, mon pays est bon, les terroristes sont mauvais. *En réfléchissant à ces assertions, je comprends qu'elles ne sont pas toutes toujours vraies. Je comprends aussi que croire qu'elles le sont me porte à résister davantage.*

Après un temps de réflexion sur ces sentiments et sur ces croyances, votre monologue intérieur peut se terminer sur une tout autre note :

J'ai encore peur. Je ressens encore de la tristesse. J'éprouve ces deux sentiments tant pour moi que pour le monde. Mais je ressens aussi de la compassion et de l'amour envers tous ceux qui sont touchés. Peu importent mes croyances, j'aimerais être de quelque secours. Je ne suis pas un expert et j'ignore comment résoudre un problème aussi énorme. Mais je voudrais contribuer, même un peu, à une sécurité durable.

Les points de vue fermes et non alourdis par la résistance, comme celui-là, tendent à être fluides et stimulants. Contrairement aux points de vue encombrés de résistance, ils portent une charge *positive*. Ils vous stimulent et vous installent durablement dans l'amour et la réalisation de vous-même. De plus, ils vous aident à communiquer vos points de vue sans engendrer de semblables résistances chez les autres.

Bien sûr, l'exemple présenté devait être bref et d'ordre général. Il n'illustre peut-être pas du tout vos sentiments et vos croyances sur le terrorisme. La résistance mise en relief semble peut-être aussi se résoudre un peu plus rapidement et facilement que les résistances que vous expérimentez dans la vie réelle. Mais il peut servir de cadre pour amorcer votre propre exploration.

Choisissez un autre sujet controversé et examinez vos opinions sur lui. Voyez si vous pouvez mettre au jour des idéaux personnels ou des idéaux centrés sur l'extérieur, de même que des croyances fondamentales, qui interviennent dans votre réaction globale. Quand vous sentez qu'ils contribuent à une fermeture mentale, ne vous énervez pas, n'argumentez pas. Ouvrez-vous tout simplement et laissez venir ; réalignez-vous et explorez, en laissant votre résistance se relâcher graduellement.

Avec le temps, le relâchement de la résistance vous permet de devenir davantage vous-même au lieu du contraire. L'acceptation du monde tel qu'il est vous libère en vue du combat pour le monde que vous souhaitez. Ce genre d'acceptation caractérisait Gandhi et Mandela. C'est elle qui vous donne de la force, de l'endurance et de l'humilité. Comme nous le verrons dans la septième invitation, c'est aussi notre meilleur espoir d'une planète en paix.

Les idées qui rendent insensibles

Les idées apaisantes peuvent aussi vous maintenir dans la fermeture.

Comme nous l'avons vu, la résistance est le refus d'accepter ce qui est. Nous résistons à nos sentiments en nous fermant émotionnellement et nous résistons à la réalité en nous fermant mentalement. Ces deux genres de fermeture se renforcent mutuellement. Les émotions refoulées engendrent des pensées négatives, lesquelles contribuent à un déficit de ressenti. L'acceptation de la première invitation met fin à ce cycle débilitant. Mais il existe un type de résistance, plus subtile que les autres, qui se déguise en acceptation.

Les traumatismes et les tragédies de la vie peuvent susciter des émotions intenses. Il peut se révéler très difficile d'être complètement ouvert à la rage, à la peine, à la peur et autres sentiments accablants. Nous nous insensibilisons plutôt. Alors que les fermetures émotionnelles ordinaires se manifestent sous forme de tensions physiques, l'insensibilisation diminue toute sensation. On ne peut dire ce qu'on ressent vraiment justement parce qu'on est incapable de ressentir. L'insensibilisation est une réponse naturelle à des événements bouleversants, mais, quand elle s'installe pour longtemps, la vie et l'amour sont tenus à distance. Souvent, ce ne sont pas seulement ces événements qui nous rendent insensibles, mais aussi les idées que nous entretenons sur leur cause.

Vous répétez-vous qu'il existe une raison pour tout? Croyez-vous que certaines choses doivent être? Attribuez-vous les calamités à la volonté de Dieu ou aux lois du karma? Il arrive que de telles idées sous-tendent une foi consciente ou un point de vue.

Toutefois, elles nous maintiennent souvent dans le détachement, dans le rôle de témoin plutôt que dans celui d'acteur engagé. Nos émotions peuvent alors s'accumuler, même longtemps après un événement traumatisant, et réclamer de l'attention et une libération. Comme elles sont barricadées derrière nos pensées de résistance, nous ignorons même leur présence.

À quoi reconnaît-on qu'une idée particulière procède d'une résistance qui rend insensible? Vous ne pouvez malheureusement pas rechercher une charge négative, car, contrairement aux pensées de résistance, les idées anesthésiantes n'en portent pas. Par conséquent, la prochaine fois que vous vous trouverez en difficulté émotionnelle, soyez sur vos gardes, à l'affût de toute pensée nouvelle ou inhabituelle. Si, par exemple, un de vos proches meurt et que, pour la première fois de votre vie, vous vous surprenez à penser: *Nous devons tous partir tôt ou tard,* il y a de fortes chances pour que cette pensée soit de nature anesthésiante. De plus, méfiez-vous des généralités philosophiques, même les plus anodines, comme: *Je suis sûr que tout arrive pour le mieux.* Finalement, méfiez-vous de toute pensée spécifiquement destinée à vous faire sentir mieux.

Quand vous détectez l'apparition d'une telle idée, soyez attentif à votre corps. Pouvez-vous en sentir toutes les parties? Êtes-vous réceptif aux sensations qui y circulent? Notez-vous la présence d'émotions? Si vous répondez «oui» à toutes ces questions, alors il n'y a pas d'insensibilité et l'idée ne constitue pas une résistance. Mais si vous répondez «non» à une seule de ces questions, alors vous êtes assez insensibilisé pour devoir y regarder de plus près.

Supposons qu'on vienne tout juste de diagnostiquer chez vous une maladie grave. Une fois le choc initial passé, vous voilà en train de dire à vos amis: «Vous savez, ce qui m'arrive sonne le réveil. Cela ne se serait pas produit si mes priorités étaient justes. Dans un sens, je suis reconnaissant.» À première vue, cette réaction ressemble à une acceptation. Voir dans la maladie une occasion peut même sembler tenir de la sagesse profonde. Comme vous n'avez jamais employé l'expression «sonner le réveil» auparavant, vous tenez compte de ce signe et vous tournez votre attention vers votre corps.

Il est possible que vous soyez à peine capable de le sentir. Ou peut-être ressentirez-vous des émotions, mais très faiblement, comme si elles étaient très loin. La découverte d'une telle insensibilité laisserait alors supposer que vos pensées, vraies ou fausses, vous ont détourné d'émotions troublantes. Alors, au lieu de continuer à vous répéter ces pensées, vous maintiendriez votre attention sur votre corps.

Pour annihiler l'insensibilité, il faut y prêter beaucoup d'attention. Avec l'attention, même l'insensibilité installée depuis longtemps se dissipe. Peut-être ne ressentez-vous qu'un léger spasme ici, ou un picotement là, mais même de telles sensations superficielles suffisent pour enclencher le processus. En prenant note de chaque sensation qui vous parvient et en fixant votre attention sur celles qui persistent ou qui se renforcent, vous restaurez votre sensibilité. Dans presque tous les cas, si vous continuez à accueillir sereinement ce qui monte, votre insensibilité finira par disparaître. Une fois en contact avec vos véritables sentiments, peu importe leur nature, vous pourrez toujours qualifier votre maladie de sonnerie de réveil, mais alors vous serez vraiment réveillé.

Dans la première invitation, nous avons abordé les histoires que nous nous racontons parfois afin de ne pas ressentir. Les idées anesthésiantes peuvent constituer des histoires déguisées. Elles ne se rapportent habituellement pas du tout à des sentiments et ce n'est qu'en étant attentifs que nous découvrons leur nature répressive. Rappelez-vous quelques-uns des moments les plus difficiles de votre vie: un grand chagrin, la mort d'un être cher. Vous avez peut-être aussi été témoin de la souffrance d'un proche. Vous souvenez-vous en être venu, durant ces heures sombres, à une quelconque idée anesthésiante? Vous rappelez-vous la pression exercée sur vous par les idées anesthésiantes des autres?

«Il faut se tenir occupé.» «Ça pourrait toujours être pire.» Même quand elles sont formulées avec les meilleures intentions, de telles idées sont souvent susceptibles de favoriser votre insensibilisation. Et qu'en est-il par ailleurs de l'idée que «cela aussi passera»? Cela passera, peu importe ce que c'est, à moins que le souvenir incessant de cela ne vous empêche de ressentir tout ce qui est en jeu.

Le défi de l'amour consiste à demeurer disponible en tout temps, même dans les pires moments. Cela veut dire laisser s'en aller les idées les plus réconfortantes si elles vous maintiennent dans la fermeture. Relever ce défi ne fera pas se dissiper vos émotions les plus pénibles, mais cela crée le meilleur environnement possible pour les ressentir. L'insensibilité, de même que tout autre type de résistance, cède bientôt la place à l'acceptation. Celle-ci constitue alors plus qu'un exercice : elle commence à devenir un espace familier. Lorsque vous vous sentez à l'aise avec l'acceptation, l'amour aussi devient votre compagnon.

L'ACCEPTATION DE LA TROISIÈME INVITATION

Au mieux de mes capacités actuelles en évolution,
je suis résolu à :

- revoir mes idéaux personnels ;
- accepter les pensées de résistance une à la fois ;
- réaligner l'autocritique qui n'est pas constructive ;
- soumettre mes croyances fondamentales à un examen ;
- accueillir les gens tels qu'ils sont ;
- relâcher ma résistance envers le monde ;
- me libérer des idées anesthésiantes.

La quatrième invitation

Vivre comme si vous mouriez

À la fin, je voudrai pouvoir dire : toute ma vie,
j'ai été l'épouse de l'étonnement.
J'ai été l'époux qui tenait le monde dans ses bras.

Mary Oliver

Dans la quatrième invitation, l'amour vous convie
à faire de la mort votre compagnon de tous les instants.
La conscience de la mort vous aide à guérir
de vieilles blessures, à préciser votre raison d'être
et à mener une vie sans peur et authentique.

Quand mourrez-vous ? Après quarante autres années d'une vie saine et productive ? Demain, à l'improviste, pendant que vous serez en train de mettre à jour votre liste de choses à faire ?

Comment mourrez-vous ? Dans votre lit, sans l'ombre d'une souffrance ? Après une décennie d'atroces douleurs, de solitude et de grande dépendance ?

Allez-vous accueillir la mort en vous débattant et en hurlant, allez-vous résister à son étau jusqu'à votre dernier souffle ? Ou allez-vous plutôt l'accepter de bonne grâce, dans la douceur, en quittant le monde en paix tout en accueillant ce qui suit ?

Bien sûr, ces questions sont théoriques, car on ne peut absolument pas connaître la réponse. Mais, peu importent les circonstances de votre mort, une réalité demeure : vous *allez* mourir. Vous êtes en train de mourir maintenant. Chacune de vos respirations vous rapproche de la dernière. Ainsi, même si vous repoussez cette réalité, la mort fait partie intégrante de la vie.

Dans notre société moderne, on ne peut pour ainsi dire pas aborder le sujet de la mort. Nous évitons d'en parler autant que possible. S'il faut y faire référence, nous employons des euphémismes, comme « partir ». Quand nos proches nous quittent, de parfaits étrangers les enlèvent rapidement de notre vue. Nous dépensons parfois plusieurs centaines de dollars pour préserver artificiellement les corps avant leur décomposition.

Il est illégal de mettre quelqu'un en terre directement ou enveloppé dans une couverture, alors nous dépensons quelques centaines de dollars de plus pour enfermer le corps dans un cercueil bien astiqué. On vend ces cercueils comme des voitures : il existe des modèles et des accessoires pour tous les budgets et pour toutes les classes sociales.

Tout cela pointe dans une seule direction : il n'y a aucune réalité sur terre à laquelle nous résistons davantage que la mort. La résistance à la mort nous pousse à des fixations sur la jeunesse, la renommée et la sécurité. Nous cherchons une consolation dans l'illusion d'une vie sans fin.

Puis, il y a la vie après la mort. Plusieurs d'entre nous ont des idées bien arrêtées sur ce qui va se passer après leur mort. Lorsqu'on s'y cramponne, les idées concernant le ciel, l'enfer ou la réincarnation deviennent des croyances anesthésiantes. Elles créent un simulacre de confort par rapport à notre disparition à venir, tout en exorcisant l'imminence de la mort. Le fait est que personne ne sait exactement ce qu'apporte la mort. L'ouverture complète à la mort exige une tranquillité rare et radicale devant l'incertitude.

Cette approche vous semble-t-elle sévère, froide ou même dépourvue d'amour ? Elle le peut, tant que vous n'êtes pas familiarisé avec la quatrième invitation. Contre toute attente, celle-ci vous révèle que la mort constitue le plus grand cadeau de la vie. La proximité constante de la mort acceptée sans restriction confère à la vie un éclat merveilleux.

Les passionnés de saut en chute libre connaissent d'expérience la stimulation que procure le risque de mort. Le cœur s'emballe, l'adrénaline jaillit, et, à travers tout cela, on éprouve le sentiment de rompre la monotonie quotidienne et d'arracher le vernis de la civilisation. Or une fois l'exercice terminé et l'exaltation passée, la routine reprend.

La quatrième invitation nous amène à frôler la mort non seulement à l'occasion de situations extrêmes, mais en tout temps. Il s'agit de traiter la vie comme une chute libre de 10 000 mètres. Battements de cœur et décharges d'adrénaline en moins, c'est une approche de la vie excitante mais soutenable.

Quand vous vous mettez à vivre avec la mort, tout devient plus palpitant. Même les éléments de la vie les plus banals et les plus déplaisants ont soudain l'air de miracles. C'est comme tomber amoureux, sauf qu'ici, au lieu d'une personne, l'objet de l'amour est la vie.

Ce renouveau d'intensité de la vie n'est qu'un début. À sa lumière, vous vous mettez à chercher, dans tous les aspects de votre existence, des mots non prononcés, des choses non accomplies, des réconciliations négligées et du temps gaspillé à des folies. Devant la fatalité de la mort, vous redéfinissez vos priorités et vous vous tournez pour de bon vers l'essentiel.

Cependant, même avec toutes ces bénédictions, il se peut que vous éprouviez encore de la difficulté à accepter la réalité de la mort. Il se peut qu'inconsciemment ce soit un de vos déclencheurs profonds. Vous réagissez peut-être en vous jetant à corps perdu dans le travail, le jeu ou dans toutes sortes d'activités. Pour dire vrai, de telles distractions rendent encore plus difficile l'accueil de la mort, car vous n'en avez plus le temps.

L'accueil de la mort est rendu plus difficile aussi par le caractère accablant de la peur. Celle-ci comporte deux aspects : ce dont vous avez peur et votre peur de *ressentir* la peur. Le deuxième aspect est décisif. Au cours d'une vie, les expériences de la peur peuvent faire que celle-ci apparaît insoutenable et provoquer en vous une tendance à éviter les situations nouvelles ou difficiles, comme si vous étiez un animal fuyant le danger. Tant que vous refusez de vous ouvrir à l'amour, il est pratiquement impossible d'être ouvert à la mort.

Les trois premières invitations étaient très importantes : elles vous préparaient à la quatrième. Une fois que vous êtes prêt à tout ressentir, vous accueillez aussi la peur de la peur. Une fois que vous êtes prêt à tout remettre en question et à ne résister à rien, vos croyances et vos jugements restrictifs — comme « je suis trop peureux » ou « la peur est de la couardise » — relâchent leur emprise sur vous.

Plus vous vous ouvrez à la peur de la peur, plus elle diminue. Cela vous encourage à trouver le temps et la force de continuer. Vous devenez alors capable de faire face à chaque peur originale. Il peut s'agir de la peur de l'échec, de la peur de la solitude ou de la peur de l'humiliation. Peu importe ce qui surgit, vous le ressentez volontiers. Vous apprenez ainsi le langage de l'amour. Vous apprenez à parler sa langue. Vous apprenez à poser la question cruciale: *Quelle est la pire chose qui pourrait arriver?*

Si j'échoue, quel est le pire qui pourrait arriver? Si je suis seul, ou humilié, quel est le pire qui pourrait arriver? Le langage primaire et irrationnel de la peur vous fait toujours répondre: *Je vais mourir.* Peu importe la banalité apparente d'une peur, peu importe sa nature précise et sa complexité, elle a sa source dans la terreur de l'annihilation. Autrement dit, derrière chaque peur se profile la peur plus fondamentale de la mort. Même si cette peur concerne davantage la supposée mort de l'ego plutôt que celle du corps physique, elle vous mine de la même façon.

Dans toute autre circonstance, cela serait une mauvaise nouvelle; ici, c'est réjouissant. Pourquoi? Parce que la seule chose qui puisse vous libérer de la peur de la mort est l'accueil complet de son inexorabilité. En acceptant la quatrième invitation, vous éliminez la peur à sa source. Avec de la patience et une résolution sans faille, vous devenez virtuellement sans peur.

Une telle intrépidité vous rend disponible plus que tout. C'est cela qui vous relie plus que tout. C'est ce qu'il vous faut pour aimer et pour vous laisser aimer dans un abandon total.

La lumière sur la quatrième invitation

À votre naissance, vous avez pleuré et le monde s'est réjoui.
Vivez de telle sorte qu'à votre mort le monde pleure
et que vous vous réjouissiez.

Proverbe amérindien

Apprivoiser la fin

Imaginez que votre propre mort peut marquer le commencement de la liberté.

Comme nous l'avons vu, la quatrième invitation concerne la mort. Il ne s'agit pas de la mort en tant qu'idée abstraite, il s'agit de la mort en tant que réalité fondamentale et universelle. Si vous êtes comme la plupart des gens, vous avez passé des années à repousser cette réalité. La ressentir peut donc représenter un bon défi.

Aussi macabre que cela puisse sembler, une façon d'y arriver consiste à imaginer votre mort avec le plus de détails possible. Commencez avec votre dernier souffle, avec la cessation de cette forme de conscience. Visualisez votre esprit qui s'évanouit, votre cœur qui cesse de battre, vos membres qui deviennent mous. Il n'y a plus de vous : la personne que vous avez été pendant toutes ces années a disparu.

Demeurez maintenant à l'extérieur de vous ; observez ceux qui s'affairent autour de vous, voyez-les commencer à vous pleurer et à se consoler les uns les autres. Observez comment ils font face à l'événement, notez qui reste stoïque, qui se montre nerveux. Visualisez-les en train de s'étreindre, de pleurer de façon incontrôlée et de glisser quelques remarques cinglantes au milieu des louanges de circonstance. Si vous étiez en vie, ces remarques déclencheraient un tourbillon d'émotions en vous. Vous vous sentiriez forcé d'y répondre. Mais dans la mort vous ne pouvez qu'observer.

Poursuivez votre observation : on recouvre votre corps, on le transporte au salon funéraire, on le vide de son sang, puis on le remplit d'un baume, on le place dans un cercueil, on l'expose un jour ou plus et enfin on le transporte au cimetière pour l'enfouir profondément sous terre. Demeurez attentif pendant qu'on fait la lecture des prières et qu'on jette des poignées de terre sur vous.

Les années passent. Votre peau et vos entrailles se décomposent. Vous n'êtes bientôt plus qu'un squelette entouré de milliers d'autres squelettes comme vous.

Avant de terminer cet exercice, allez encore un peu plus loin. Prenez une bonne minute pour essayer de diriger votre esprit vers sa propre disparition. Tentez de sentir que vous êtes réellement mort. Bien sûr, c'est impossible et votre esprit va vite se révolter. Mais acceptez l'impossibilité et continuez à imaginer la disparition de toute pensée, sensation et émotion.

Si cette visualisation vous répugne ou vous trouble de quelque manière que ce soit, envisagez de la répéter plusieurs fois. Sentez-vous libre d'en modifier les éléments ou même le scénario au complet. Si le blocage persiste et que vous ayez besoin d'une petite poussée, allez passer une heure dans le cimetière du voisinage. Déambulez lentement et calmement le long des allées, à l'écoute de toutes vos pensées et sensations.

Pour plusieurs, le relâchement de la résistance à la mort s'effectue par étapes et prend beaucoup de temps. Durant ce processus, il est bon de se rappeler son but. Accepter votre condition mortelle rend chaque moment extraordinaire. Cela stimule votre être au complet. Cela vous rend disponible plus que toute autre chose. Cette nouvelle disponibilité supprime plusieurs des derniers obstacles, les plus profondément enfouis, qui vous empêchent d'accéder à l'amour. Le fait est que plus vous vous inclinez devant la mort, plus vous vous éveillez à la vie.

Mourir pour vivre

Quand vous êtes pleinement conscient de la mort, la vie vous remplit d'une gratitude infinie.

Pour rendre la mort encore plus réaliste, imaginez qu'elle est sur le point de survenir, là, immédiatement, sans aucune échappatoire possible. Vous n'avez pas la chance de prendre congé des gens ni de mettre de l'ordre dans vos affaires : tout ce que vous pouvez faire, c'est ressentir l'existence pendant quelques minutes supplémentaires.

Ne vous bornez pas à lire simultanément. Donnez-vous tout entier à l'expérience. Imaginez que vous n'aurez plus jamais l'occasion de mordre dans une pêche, de nager dans l'océan ou d'entendre les enfants crier de joie dans un parc. Avec la fin si proche, il est fort probable que de telles occasions quotidiennes deviennent précieuses au point de vous déchirer. Qu'en est-il de tout ce que vous détestez normalement, comme les bouchons de circulation, les piqûres de moustique et les pannes d'électricité ? Ces événements ne deviennent-ils pas précieux, eux aussi, aux portes de la mort ?

Bien sûr, les merveilles de la nature vont vous manquer : les chutes d'eau, la foudre, les sommets enneigés et les dunes désertiques. Mais n'allez-vous pas aussi vous ennuyer des paysages moins exaltants, comme les immeubles délabrés, les rivières polluées et les centres commerciaux ?

N'en va-t-il pas de même pour les souvenirs ? Durant ces derniers instants, en repassant tous les événements que vous avez vécus, ne chérissez-vous pas *autant* les bons que les mauvais ? Qu'en est-il des gens ? De toute évidence, il vous sera difficile de laisser vos proches. Mais pensez à ceux qui vous ont fait mal, à ceux qui vous ont mis en colère ou simplement laissé indifférent. Si l'on vous accordait un sursis, ne seriez-vous pas heureux de les revoir, eux aussi ?

Vous savez que la mort a fait son œuvre lorsque l'élément le plus difficile et le plus misérable de votre vie vous remplit de la plus profonde gratitude. Avant cela, il subsiste encore de la résistance.

Une autre façon de rendre la mort plus réaliste consiste à passer du temps avec des mourants. Ce peut être des gens de votre entourage ou des pensionnaires d'un hospice. À vrai dire, une telle différence n'a aucune importance : quand la mort rôde, même de parfaits étrangers deviennent soudain des proches. Peu importent les bienfaits que votre présence apporte à ces gens, ceux-ci vous le rendront au centuple. Cette expérience vous offre une rare occasion de démythifier la mort et de goûter à l'immensité de son pouvoir sacré.

L'attitude courante face à la mort consiste à ne pas l'accueillir du tout et même à la combattre de toutes ses forces. On vous conseille, selon les mots du poète Dylan Thomas, de « tempêter contre la mort de la lumière ». Mais en quoi ce sentiment est-il vraiment différent ? Nous nous battons contre la mort jusqu'au bout parce que la vie nous est terriblement chère. L'important n'est pas de brandir votre poing devant la mort ni de l'inviter de la main à s'approcher. Ce qui compte, c'est votre conscience de la mort et la possibilité d'une vie plus pleine.

La quatrième invitation ne vous demande pas d'abandonner votre vie avant que votre heure soit venue. Si le sentiment qui vous pousse à brandir le poing s'inscrit dans un mouvement vers l'amour, il ne recèle aucune trace de résistance. Mais il arrive que cette attitude constitue une façon de se fermer ou une tentative de glorification de la résistance. Quand il en est ainsi, n'êtes-vous pas déjà un peu mort ?

Le vide

La tranquillité peut vous relier à votre source.

De combien de temps libre disposez-vous ? Qu'en faites-vous ? Envisageriez-vous de ne rien faire du tout ?

On passe habituellement son temps libre à s'échapper de la grisaille quotidienne et à se refaire. On s'adonne à toutes sortes d'activités, comme pêcher, faire du vélo de montagne ou faire la fête au bar du coin. Durant certaines de ces activités, l'esprit vagabonde ; durant d'autres, il se fixe. De toute façon, il est toujours en train de faire quelque chose.

Il y a aussi les activités qui ont une dimension spirituelle, comme le yoga, les arts martiaux et la méditation. Il a été démontré que ces disciplines diminuent le stress, calment l'esprit et favorisent une véritable guérison. Mais, à côté de ces bienfaits, elles servent à masquer un désarroi plus profond. Paradoxalement, l'une des rares méthodes pour mettre au jour ce désarroi consiste à cesser toute activité.

Ne rien faire est plus difficile qu'il ne semble. Essayez pendant quelques minutes et voyez. Essayez de ne pas bouger, de n'enregistrer aucune sensation et de n'avoir aucune pensée. Votre esprit va immédiatement se rebeller : *C'est stupide, quel gaspillage de temps ! Pour l'amour de Dieu, donnez-moi une bougie sur laquelle me concentrer, un mantra à chanter, ou laissez-moi au moins suivre ma respiration.* Cette rébellion ne constitue pas un problème ; elle a une grande valeur. C'est exactement ce qui doit arriver.

Essayez encore. Voyez combien de temps s'écoule avant que « ne rien faire » se transforme en une observation de l'arrière de vos paupières, en sommeil ou en grognements de frustration. Vous comprenez vite que « ne rien faire » est virtuellement impossible. Cette découverte aussi a une grande valeur, car vous pouvez désormais cesser tous vos efforts. Ne rien faire, sans effort ni souci de l'échec, vous protège des interférences. Plus vous pouvez vous y tenir, plus grand est le bienfait.

Ne rien faire vous donne l'occasion d'observer votre réaction à la véritable tranquillité : c'est là le premier bienfait. Votre esprit est probablement tellement peu habitué à cet espace qu'il le fuit comme si c'était la mort réelle. Les pensées, les sentiments et les impulsions qui émergent sont empreints d'anxiété. Tout cela est dirigé vers un même point : faire autre chose, n'importe quoi, pourvu qu'on s'éloigne de *cela*. Une fois que vous savez reconnaître cet état d'esprit, vous pouvez commencer à en chercher les manifestations dans votre vie quotidienne. La fuite peut se révéler dans tout, de l'excès de travail ou d'exercice aux passe-temps apparemment anodins. Toute activité, si elle n'est pas examinée, peut devenir une nouvelle manière subtile de se fermer.

Ne rien faire vous procure un autre bienfait : cela crée l'espace et le temps nécessaires pour que vos émotions le plus profondément enfouies refassent surface. Votre acceptation de la tranquillité leur permet de circuler. En demeurant tranquille et en ressentant ces émotions tant qu'elles durent, vous en venez à guérir sur un tout nouveau plan.

De plus, ne rien faire vous permet de réaliser à quel point votre vie arrive d'elle-même. Il en est ainsi de la plupart des pensées, comme nous l'avons vu dans la section « Le pouvoir de l'acceptation » de la troisième invitation (p. 100) ; c'est aussi le cas des perceptions, des sensations et des émotions. Pendant la plus grande partie de votre existence, votre vie n'a pas besoin de *vous*. La perte de l'illusion que vous êtes maître de toute votre existence vous aide à vous détendre, à laisser plus souvent la vie suivre son cours et à simplement être.

Finalement, à mesure que vous vous familiarisez avec la tranquillité, il se passe quelque chose de remarquable. Tout ce qui monte dans ce silence vient plus doucement et est accompagné de moins de distractions. Cela se fond dans l'arrière-plan. À l'avant-plan apparaît la vacuité elle-même et vous pouvez en faire directement l'expérience. Cette expérience peut être effrayante au début, mais si vous persévérez cela devient un terrain familier. Vous touchez alors à l'absence de forme d'où tout est issu, à l'espace infini où se rejoignent toutes choses. C'est là que résonne le «Je suis» de votre nature véritable. En fait, cela n'est pas vide, du moins pas dans le sens usuel du terme. Étant le berceau de l'univers entier, cette vacuité est débordante d'amour.

Il a été brièvement question du vide dans la deuxième invitation, à la section «Qui suis-je?» (p. 63). Nous voyons maintenant qu'il est possible d'y retourner à volonté et de façon régulière. L'accès au vide suscite en vous le sentiment intarissable d'être en communion avec tout. Cette communion est comparable à une expérience paroxystique ou à la complète absorption dans une activité. Mais de telles expériences demeurent imprévisibles et fugaces, alors que le vide est aussi constant que les battements de votre cœur.

Les regrets

*Se consacrer aux choses en suspens
assure l'ouverture du cœur.*

Une fois que vous avez commencé à vivre comme si vous mouriez dans l'instant, il devient clair plus que jamais auparavant que chaque moment pourrait vraiment être votre dernier. Cette prise de conscience vous permet de réfléchir sur la mort longtemps avant que votre heure soit venue.

Lorsqu'on regarde vers le passé, il devient beaucoup plus facile de reconnaître tout ce qu'on aurait souhaité différent. La litanie des regrets est sans fin, mais ils se divisent en trois catégories principales. La première réunit tout ce que vous souhaitez ne pas avoir fait. La deuxième englobe tout ce que vous n'avez jamais fait. La troisième, habituellement la plus douloureuse, comprend toutes les relations importantes encore tendues ou confuses.

La première catégorie a trait aux choix. Qu'il s'agisse du travail, du jeu, de la famille ou de l'amour, rétrospectivement vos choix vous semblent avoir été erronés, mal éclairés. Peut-être avez-vous opté pour une carrière qui ne correspondait pas à vos passions et à vos talents. Peut-être ne vous êtes-vous jamais adonné à un passe-temps qui vous remplissait de joie. Peut-être votre ou vos mariages étaient-ils mal avisés, ou peut-être avez-vous élevé vos enfants trop sévèrement.

Prenez un moment pour dresser la liste des choix que vous regrettez le plus, même si cela risque de faire très mal. Si vous vous ouvrez à la douleur et n'y résistez pas, elle finira par passer, comme toutes les émotions. Il vous restera alors la possibilité de vivre différemment, en commençant tout de suite, avec la mort comme compagnon de tous les instants.

La deuxième catégorie de regrets concerne principalement les désirs. Elle peut comprendre des regrets par rapport aux livres non écrits, aux sports non essayés, aux voyages non effectués. Elle peut aussi inclure le regret de ne pas avoir défendu telle ou telle cause, de n'avoir pas offert votre aide quand elle était requise ou d'avoir négligé vos amis.

Écrivez tout ce que vous aimeriez faire le plus dans la vie et que vous n'avez pas encore fait et gardez cette liste à la portée de votre vue. La présence de cette liste donne la motivation nécessaire pour accomplir ces choses avant qu'il soit trop tard. Vous pourrez aussi revoir chaque désir dans la perspective des trois premières invitations. Cela suppose la mise au jour et le relâchement de toute résistance qui aurait pu vous empêcher de satisfaire ces désirs jusqu'à maintenant. Cette résistance peut être émotionnelle, comme la peur de l'échec ou le manque de confiance en soi. Elle peut aussi être fondée sur des croyances. Vous avez peut-être été contrarié par le genre de pensées examinées précédemment: «Je n'aurais pas dû…» ou «Je ne suis pas du genre à…».

L'examen de cette liste sous l'éclairage des trois premières invitations exige aussi l'évaluation de vos motivations. À côté de chaque élément, expliquez l'importance qu'il a pour vous. Ne vous contentez pas de plates évidences. Voyez si vous pouvez reconnaître votre motivation la plus profonde. Supposons que votre liste comporte le désir: *posséder une résidence somptueuse*. Il est possible que ce désir découle simplement du fait que vous appréciez la beauté et le confort. Mais il pourrait y avoir autre chose.

Vous pourriez répondre: *Les gens vont me respecter*. Si c'est le cas, il est important que vous poursuiviez votre réflexion et que vous vous demandiez pourquoi vous voulez être respecté. Souvent, comme vous l'avez sans doute deviné, ce désir se rattache à l'amour. Si vous constatiez que la motivation profonde qui vous fait aspirer à la possession d'une demeure somptueuse, c'est le désir de vous sentir aimé, vous pourriez alors explorer les croyances fondamentales sous-jacentes. Par exemple, peut-être croyez-vous que l'amour doit se mériter ou qu'il ne peut vous venir que des autres. Mais ces croyances sont-elles vraies ? En fait, le message de ce livre est que l'amour est disponible en tout temps pour qui le veut. Vous rappeler cela vous libérerait pour la recherche de la maison de vos rêves ou vous ferait y renoncer, puisque l'amour vous appartient de toute façon.

La dernière catégorie de regrets concerne le cœur aussi, plus particulièrement ce qu'il en advient après une blessure. Une relation tendue ou confuse empêche les protagonistes d'être disponibles l'un pour l'autre. Souvent, leur plus grand chagrin vient du fait que cette disponibilité est justement ce qu'ils recherchent. Personne ne rend le dernier soupir en souhaitant avoir moins aimé, mais la profonde blessure laissée par une relation semble parfois plus difficile à supporter que la séparation. Pour certaines relations, vous avez envie de vous réconcilier, d'assainir le climat une fois pour toutes, mais vous ne vous y mettez jamais.

Dressez la liste de toutes les personnes avec qui vous regrettez de ne pas avoir entretenu de meilleures relations. Comme certaines relations tumultueuses finissent naturellement par s'éteindre ou deviennent irréparables, ne retenez que les personnes dont vous désirez vraiment vous rapprocher. À côté de chaque nom, écrivez la raison pour laquelle vous ne vous êtes pas rapproché jusqu'à maintenant.

Vous serez peut-être tenté de donner des raisons comme le manque de temps ou la gêne. Même si ces raisons se révèlent parfaitement justes dans votre cas, ne les acceptez pas sans un examen approfondi. Mis à part les occupations et les difficultés, une petite occasion de tendre la main s'est-elle présentée ? Si c'est le cas et que vous n'en ayez pas profité, pourrait-il y avoir autre chose derrière votre décision ? Est-ce une peine persistante ? Est-ce la peur d'être blessé davantage ? Rappelez-vous que personne d'autre que vous ne participe à cette évaluation. Personne n'est là pour vous juger. En gardant cela à l'esprit, laissez monter les réponses qui vous semblent les plus vraies.

La compréhension des obstacles à la guérison des relations favorise leur élimination. Ici encore, les trois premières invitations s'avèrent inestimables. Vous devez commencer par tout ressentir. Cela inclut toutes les émotions relatives à une relation que vous avez balayées, y compris les plus anciennes blessures. Vous devez ensuite tout remettre en question au sujet de cette relation, spécialement toute opinion ou supposition susceptible d'entraver la guérison. Puis vous devez ensuite explorer toute résistance résiduelle, y compris les pensées du genre *je ne peux tout simplement pas le faire* ou *cela ne marchera pas de toute façon*. Accueillir ces pensées avec patience et bienveillance contribuera, à la longue, à leur diminution et vous libérera en vue de votre marche en avant.

L'exploration de vos regrets, et surtout des relations douloureuses, non seulement ouvre la voie à l'amour, mais constitue aussi un acte d'amour. Si vous êtes disposé à vous appliquer de façon soutenue à cette exploration, la quatrième invitation offre son plus grand trésor. En plus de vous réconcilier avec vous-même et avec ceux que vous chérissez, vous aurez le temps de jouir de cette réconciliation ici-bas.

La difficulté à guérir

On ne peut hâter
ni forcer le véritable pardon.

Subsiste-t-il dans votre cœur des blessures qui ne veulent tout simplement pas guérir? Même après avoir tout donné, vous êtes encore désespérément bloqué? Dans ce cas, il manque généralement le pardon. L'idée du pardon est aussi fascinante que courante. Selon la sagesse populaire, tant que nous sommes incapables de pardonner, nous ne pouvons être libres.

La quatrième invitation propose une nouvelle approche. Le pardon, tout comme l'amour, ne peut être imposé. En réalité, le fait de s'efforcer à pardonner aux autres rend le pardon beaucoup plus difficile. Cela peut engendrer une résistance mentale considérable et susciter des pensées comme: *Qu'est-ce que j'ai? Pourquoi est-ce que je ne peux pas tout simplement laisser aller?* Une telle résistance peut être alimentée par l'idéal personnel *je ne devrais pas être rancunier* et par la croyance fondamentale que *la rancune est mauvaise.* La reconnaissance des idéaux et des croyances qui sous-tendent la résistance et la remise en question de leur universalité devraient dissiper votre résistance. Cela vous permettra de vous accepter tel que vous êtes maintenant, sans égard au fait que vous ayez raison ou tort, et favorisera l'ouverture que requiert le pardon.

L'incapacité de pardonner à quelqu'un, même après que vous avez analysé votre résistance mentale, indique la présence d'une fermeture émotionnelle. Pour que celle-ci commence à se dissiper, posez-vous la question: *Y a-t-il quelque chose concernant cette personne qui me met en colère ou qui me blesse encore?* La réponse à cette question finit par émerger d'elle-même, que vous ayez enfoui vos sentiments hier ou il y a des années.

Une fois que vous ressentez ces sentiments, le pardon vient naturellement. La quatrième invitation en pave la voie. Vivre comme si vous mouriez dans l'instant ne signifie pas attendre passivement la montée de ces émotions, mais plutôt vous employer à les faire surgir, comme s'il s'agissait de votre dernière chance, et demeurer réceptif à vos découvertes. Autrement, vous choisissez de rester fermé. Une semblable attitude suppose que vous avez tout le temps au monde et que votre souffrance mérite que vous vous y accrochiez en dépit de la rupture qu'elle cause.

Ce sujet est tellement important qu'il vaut la peine de reformuler. L'incapacité à pardonner est généralement symptomatique d'une sérieuse blessure passée. Pour guérir, il vous faut ressentir. Le ressenti de la douleur causée par la blessure est la seule voie de guérison. Cela peut sembler totalement injuste, comme si, en plus de la blessure initiale, vous étiez de nouveau puni. En fait, c'est souvent injuste. Mais vouloir que la justice soit une condition préalable du ressenti ne sert qu'à maintenir le blocage. Dans certains cas, des démarches en vue d'obtenir justice, un châtiment ou un dédommagement sont nécessaires, mais elles n'apportent que rarement la guérison intérieure. Sans une exploration simultanée de vos propres profondeurs émotionnelles, diriger vos pensées contre la personne fautive ne vous aide habituellement pas.

Les victimes de crimes graves nient souvent leur fermeture. Or la fermeture n'est pas nécessaire pour pardonner, non plus que pour aimer. Au contraire, il faut s'ouvrir. Cela est vrai, que les gens concernés soient installés en permanence dans votre vie ou que vous n'ayez plus affaire à eux. Cela demeure vrai, que leurs actes aient été illégaux, immoraux ou simplement blessants. C'est de l'ouverture à votre propre souffrance et à votre propre vulnérabilité que découle votre pardon. Et celui-ci est d'abord et avant tout un cadeau que vous vous offrez.

En cours de chemin, tandis que vous soignez vos blessures, vous voudrez peut-être parler de certaines émotions que vous avez ressenties. Vous souhaiterez peut-être garder les autres pour vous-même. De toute façon, le travail est entre vos mains. Bien sûr, des personnes peuvent faciliter votre marche vers le pardon, mais elles n'ont pas à pardonner à votre place. Elles n'ont pas non plus à être impliquées. Même si vous avez été horriblement blessé par quelqu'un qui ne manifeste aucun remords, il est quand même possible de faire se relâcher votre résistance, de ressentir toutes les émotions bloquées et de laisser le pardon s'enraciner.

Soyez quand même averti que le pardon n'obéit à aucun calendrier. Il arrive que des sentiments associés à une blessure, une fois que vous êtes disposé à vous y ouvrir, se dissipent rapidement. En d'autres cas, cela semble prendre une éternité. Vous pourrez être tenté de minimiser vos sentiments persistants, voire de les nier, dans le but de faire la paix, mais ce genre de comportement est toujours contre-productif. La tension subsiste et, même si personne n'en parle, tous la ressentent.

Si vous souhaitez traiter de la manière la plus aimante possible une personne de votre entourage à qui vous n'avez pas pardonné, dites-lui la vérité : « J'aimerais vraiment te pardonner. Je fais tout ce que je peux pour cela. En attendant, je vais demeurer en contact avec toi le plus possible. » Ce genre de déclaration, humble et sincère, constitue ce qu'un véritable ami peut offrir de mieux.

Est-ce à moi ou à eux ?

Des choix honnêtes mènent à une vie d'amour.

Avec la possibilité de la mort toujours présente, vous allez peut-être planifier vos activités quotidiennes avec plus de discernement. *Est-ce là ce que je veux vraiment faire? Ces activités sont-elles essentielles ou sont-elles de simples distractions? Me permettent-elles de réaliser mon plein potentiel?* Le changement est inévitable, non seulement dans votre horaire quotidien, mais aussi dans votre approche globale. Vous prenez conscience que, jusqu'à ce moment, ce sont les attentes de la famille ou de la société qui vous dictaient plusieurs de vos choix. Il peut être déstabilisant de constater à quel point vous avez abdiqué, mais cette constatation même est ce qui vous aide à redevenir maître de votre vie.

Lançons-nous tout de suite. Divisez votre vie en deux catégories: « ce qui est à moi » et « ce qui est à eux ». La catégorie « à moi » se rapporte aux choix qui vous appartiennent en propre, ceux que vous continueriez à faire même en l'absence de louanges des autres. La catégorie « à eux » se rapporte à des choix fondés principalement sur l'opinion des autres ou sur ce que vous croyez être leur opinion. Vous devez inclure dans cette catégorie vos choix réactionnels, c'est-à-dire les choix effectués surtout en réaction contre une personne ou une institution. En d'autres mots, les choix faits dans l'intention de vous attirer la désapprobation des autres ne vous appartiennent pas complètement.

Commencez par le travail, les amis, les passe-temps et la mode. Si vous êtes convaincu que vos choix ne visaient pas du tout à satisfaire le monde en général ou un groupe en particulier, alors inscrivez-les dans la catégorie « à moi ». Supposons que vous soyez médecin et que vous aimiez tout simplement votre profession, mais que celle-ci ne vous paie pas bien, ne vous apporte aucun prestige et ne vous amène que des patients ingrats. L'aimeriez-vous toujours dans ces circonstances ? Si c'est le cas, alors ce choix appartient à coup sûr à la catégorie « à moi ». Supposons que vous aimiez jouer de la guitare électrique, même si vous n'y excellez pas. Ce choix appartiendrait aussi à la même catégorie. Mais si vous jouez de cet instrument uniquement pour rendre fous vos parents, alors ce choix ne pourrait se qualifier pour cette catégorie.

Si vous suivez une ligne de conduite donnée pour paraître intelligent, séduisant, branché ou spirituel, alors placez-la dans la catégorie « à eux ». Vous est-il arrivé de détester un livre, mais de le lire quand même parce qu'il était très à la mode ? Avez-vous déjà acheté un ensemble que vous trouviez laid simplement parce qu'il allait avec votre style du moment ? Avez-vous déjà acheté un ensemble que vous trouviez beau, mais principalement dans le but de faire tourner les têtes ? Avez-vous déjà acheté un ensemble simplement parce que personne d'autre ne le portait et que vous vouliez vous démarquer ? Tous ces choix sont fondés sur vos croyances relatives à la perception des autres : ils appartiennent clairement à la catégorie « à eux ».

Une fois que vous avez noté au moins cinq choix dans chaque catégorie, intéressez-vous à la nature de vos interactions quotidiennes. Dans quelles circonstances dites-vous vraiment ce que vous ressentez ? Dans quelles situations masquez-vous la vérité afin d'influencer les sentiments de quelqu'un envers vous ? Il ne s'agit pas seulement ici de rechercher l'approbation de l'autre, mais aussi d'éviter de le blesser. Peu importe la gentillesse ou la prévenance à la base de vos mobiles, si un commentaire ne vous appartient pas en propre, au moins pour l'instant, il est « à eux ». Il en va de même des visites que vous faites à des gens que vous préféreriez ne pas voir ou de votre présence à un événement que vous auriez souhaité manquer.

La liste des interactions quotidiennes pourrait s'étendre à l'infini ; par conséquent, concentrez-vous sur les domaines où vous éprouvez le plus de difficulté à vivre pour vous-même. Comprennent-ils des représentants de l'autorité, des compétiteurs ou des personnes qui pourraient vous retirer leur affection? Les choix effectués en rapport avec ces gens ou dans votre vie en général comportent nécessairement plusieurs aspects. Nous sommes tous influencés à des degrés divers par la culture dominante et aucun choix n'est exclusivement le nôtre. De plus, à l'occasion d'un choix difficile, une partie de vous gagne tandis qu'une autre perd. Le but de la répartition de vos choix entre les catégories «à moi» et «à eux» n'est pas de simplifier à outrance. Il s'agit plutôt de découvrir à quel point et combien inconsciemment vous abdiquez.

Une fois que vous avez pris conscience de cela et commencé à vivre plus authentiquement, vous faites soudainement face à un problème différent. En l'absence de votre cadre mental antérieur pour vous guider, les décisions naguère automatiques vous semblent désormais plus difficiles et déroutantes. Devriez-vous changer de profession simplement parce qu'au départ votre choix était fondé sur la recherche du pouvoir et du prestige? Devriez-vous vous mettre à dire aux gens le fond de votre pensée même quand il est plus que probable que cela les offensera? Devriez-vous boycotter les événements sociaux qui ne vous excitent pas, sans égard aux objectifs qu'ils poursuivent? Si l'action authentique ne consiste ni à être un saint, ni à être insensible, ni à être inflexible, alors en quoi consiste-t-elle?

C'est là que l'amour intervient. Quand vient le temps d'adopter une ligne d'action, posez-vous cette question: *Quel choix me rendra plus disponible, me reliera à moi-même et au monde qui m'entoure de la façon la plus constructive possible?*

Voyons quelques exemples. Quand une collègue de travail vous demande si vous aimez sa nouvelle coupe de cheveux et que vous ne l'aimez pas, il n'est peut-être pas nécessaire de lui dire toute la vérité. Au lieu de favoriser l'ouverture et la communication entre vous, émettre abruptement votre opinion entraînerait le contraire. Vous pourriez donc retourner la situation et lui demander: «Et toi, l'aimes-tu?» Après tout, plus qu'à n'importe qui d'autre, cette situation lui appartient.

Supposons maintenant que vos parents désirent que vous soyez à la maison pour les fêtes. Vous hésitez, car l'atmosphère, dans ces réunions de famille, est habituellement tendue. Si vous décidez d'y aller parce que vous vous sentez coupable, ce choix entre dans la catégorie « à eux » ; en revanche, si vous déclinez l'invitation pour vous protéger, ce choix vous appartient. Évidemment, ce n'est pas aussi simple, car aucune solution ne semble vraiment satisfaisante. Dans un cas semblable, il se peut que vous deviez faire part de tous vos sentiments. Vous pourriez, avec humilité et respect, expliquer à vos parents la nature exacte de vos appréhensions. Bien sûr, vous n'avez aucune prise sur la réaction de vos parents. Ils pourraient se tenir sur la défensive ou, au contraire, vous attaquer pour avoir simplement abordé le sujet. Cette dernière réaction, néanmoins, bien que provocatrice, vous fournirait davantage d'informations.

Ces informations pourraient vous amener à décider que votre protection vous appartient effectivement et que cette attitude est appropriée dans les circonstances, même si elle n'est pas totalement satisfaisante. Mais alors, votre décision de ne pas vous joindre à la famille découlerait de votre acceptation de la situation et non d'une résistance. Vous pourriez vous sentir triste ou seul, ou même coupable au bout du compte, mais vous seriez capable de vous ouvrir à ces sentiments au lieu de vous jouer la comédie de manière réactionnelle. Si, pour quelque raison que ce soit, vous décidiez d'aller chez vos parents, vous pourriez délibérément maintenir une distance émotionnelle. Ce genre de distance (que nous examinerons plus en détail dans la sixième invitation) constitue ce qu'il y a de mieux après l'ouverture totale. Elle vous permet de maintenir votre cœur ouvert et votre amour intact, même quand vos proches ne montrent pas d'amour. Elle vous donne aussi la possibilité de faire face à n'importe quelle situation émotionnellement menaçante sans qu'on profite de vous et tout en restant en contact avec vous-même.

Or que se passe-t-il lorsque vous devez opérer un choix entre deux options également attirantes et que les deux choix paraissent vous appartenir ? Imaginez, par exemple, que vous ayez une petite somme d'argent à dépenser et que vous hésitiez entre faire un don à une œuvre de charité ou partir en vacances. Il n'existe aucune solution claire. Les deux solutions offrent la possibilité de l'ouverture et de la présence à soi-même. Dans un cas comme celui-ci, l'amour ne constitue pas le facteur décisif, mais il vous pousse à un examen plus approfondi. Y aurait-il de la résistance dans l'un ou l'autre des choix?

Si vous penchez pour le don de charité, la résistance dans votre prise de décision pourrait comporter des pensées comme: *Bien sûr, je devrais donner l'argent. Je jouis déjà de tellement de privilèges. Qui peut tout simplement se prélasser tandis que d'autres sont dans le besoin?* De tels arguments pourraient indiquer que vous préféreriez partir en vacances, et vous résisteriez alors à votre propre désir.

Si vous penchez pour les vacances, votre résistance pourrait comporter des pensées comme: *Pourquoi n'aurais-je pas droit à un petit repos de temps à autre? Ce n'est pas ma faute si certains sont dans le besoin. Je n'ai pas à souffrir parce qu'ils souffrent.* Dans ce cas-ci, vos vives justifications pourraient indiquer que vous préféreriez donner l'argent, et vous résisteriez ici encore à votre propre désir.

Une fois reconnu ce genre de résistance dans n'importe quel train de pensées, il vous est possible de l'accepter. Vous pouvez également accepter tous vos désirs sous-jacents. Peu importe que vous leur donniez suite ou non, vous ne seriez plus en désaccord avec vous-même. Vous pourriez prendre votre décision définitive sans contrainte et sans vous couper de quoi que ce soit, en demeurant honnête avec vous-même.

Apprendre à choisir honnêtement est stimulant. Cela peut vous forcer à rattraper le temps perdu et à prendre conscience de l'importance de chaque décision. On peut parfois sentir une contrainte non seulement pour accomplir ce qui est juste, mais aussi pour en faire le plus possible. Cependant, la quatrième invitation ne concerne pas la contrainte, mais la présence. Ce n'est pas tant ce que vous faites qui importe que la manière dont vous le faites. Vous prélasser sur une plage tropicale en vous accablant de reproches ou faire la charité en vous sentant frustré ne reflètent pas l'amour. Une fois prise votre décision, il vous incombe de l'assumer, de demeurer ouvert et d'accueillir tout ce qui surviendra.

Portrait : les péchés du père

Le père de Jorge souffrait d'un cancer en phase terminale. Ses deux sœurs et un frère s'affairaient à se préparer pour les derniers jours de leur père et Jorge ne s'en mêlait pas du tout. Au lieu de cela, il se lança à corps perdu dans son travail de professeur de collège, en prenant prétexte des examens semestriels imminents.

Il reçut d'innombrables courriels sur la détérioration de l'état de son père; rien ne le fit changer d'idée. Il n'était qu'insensibilité envers son père et se condamnait pour cela, mais cette insensibilité remontait à un passé lointain. En racontant son histoire au cours d'un atelier, Jorge ne montra presque aucune émotion.

Depuis sa tendre enfance, tout ce dont Jorge avait entendu son père parler, c'était d'argent: que l'argent est important, qu'on n'est rien sans argent, que tous ses enfants auraient leur place dans l'entreprise de textile familiale dès leur sortie du collège. Même si Jorge était doué pour les affaires, il ne supportait pas l'obsession paternelle pour elles. Il s'aperçut que la famille passait toujours après. Quand vint son tour de se joindre à l'entreprise, il déclina.

En dressant la liste de ses regrets, Jorge se rendit compte que l'enseignement en faisait partie. Peu importe la satisfaction qu'il en retirait, il était toujours débordé de travail et financièrement serré. Il regrettait aussi les années de séparation avec son père et le fait qu'aucun des deux ne pouvait pardonner ses choix à l'autre. Il avait essayé plusieurs fois. Il avait lu des livres sur le pardon et avait même prié à cet effet, sans résultat. Comme cela ne faisait qu'amplifier sa colère, il abandonna finalement et se résolut à une froide distance.

En accomplissant l'exercice relatif à ce qui est « à moi » et ce qui est « à eux », Jorge prit conscience de quelque chose pour la première fois. Il avait toujours cru que sa décision de devenir professeur était entièrement la sienne, mais maintenant il réalisait qu'il s'agissait plutôt pour lui de blesser son père. Sa décision appartenait donc à la catégorie « à eux ». De plus, Jorge vit qu'il *blâmait* son père pour tous les problèmes de l'enseignement. Une partie de lui avait l'impression, aussi illogique et immature que cela puisse être, que son père avait ruiné sa vie.

À la suite de cette prise de conscience, Jorge se sentit incroyablement coupable, ce qui représentait un cadeau, car cela brisa son insensibilité. Une fois réceptif au sentiment de culpabilité, il éprouva un nouveau désir de voir son père, mais aussi une grande crainte que cette rencontre ne tourne au vinaigre. Son père n'avait pas changé après tout, seulement Jorge. En analysant sa crainte, Jorge comprit qu'il avait une tâche à accomplir, peu importe la réaction de son père. Si cela devait causer une nouvelle blessure, il la surmonterait également.

Au cours d'une conversation téléphonique subséquente, Jorge décrivit ce qui s'était passé. Au lieu de présenter une liste de plaintes à son père ou de lui faire bon visage, il lui expliqua tout ce qu'avait mis en lumière l'atelier.

Au début, son père ne comprit pas : il croyait être blâmé et se raidit. Il cria beaucoup. Jorge s'efforça de demeurer ouvert et en contact avec la circulation des émotions dans son corps. Cela lui donna la force de communiquer de façon plus claire et d'assurer son père que personne n'était vraiment à blâmer. En le disant, il sentit qu'il le croyait. Le pardon lui était finalement venu, au moment où il ne se battait pas pour y arriver. Notant le changement dans le ton de la voix de son fils, le père de Jorge se calma. Ils se mirent bientôt à parler de tout ce qui était naguère tabou. Il n'y eut pas de pleurs, tout comme ils ne se sentirent pas soudain liés par le cœur. Néanmoins, ils n'étaient jamais allés aussi loin depuis des années. Jorge était reconnaissant d'avoir pu, avant le décès de son père, commencer à vivre comme s'il allait mourir.

Au-delà de la peur

À mesure que s'atténue votre terreur de la mort, les autres peurs s'atténuent aussi.

Comme nous l'avons vu, la nature accablante de la peur est directement liée à la mort. En parler est une chose, le vivre en est une autre. C'est uniquement en étant ouvert à la peur dans votre propre vie et en examinant attentivement ce qui se passe que vous pouvez secouer son joug paralysant.

Le ressenti de la peur est toujours le même, peu importe le déclencheur. Vous pouvez en faire vous-même l'expérience. Examinez votre prochaine forte peur. Elle pourrait être déclenchée par une grosse tempête, un bruit alors que vous êtes seul à la maison ou les gyrophares d'une voiture de police dans votre rétroviseur. Quand la peur vous assaille, voyez si vous pouvez appliquer les outils de la première invitation pour provoquer une prise de conscience correspondante. Faites-y appel pour sentir l'endroit où se manifeste la peur dans votre corps. Est-ce que votre estomac se serre? Votre souffle s'arrête-t-il? Votre cœur bat-il plus fort?

Peu importent les détails, votre réaction est aussi ancienne que le premier être vivant sensible. C'est l'instinct de survie en action, la réponse face à tout danger perçu. L'alarme sonnée par la peur active la production d'adrénaline et déclenche votre mécanisme de lutte ou de fuite. Dans cet état, vous devenez plus alerte, prêt à tout pour éviter le danger.

Une fois familiarisé avec le ressenti de la peur intense, cherchez à ressentir les peurs plus subtiles. Celles-ci peuvent englober la peur d'être en retard, de dire une bêtise, de mettre quelqu'un en colère ou d'y succomber vous-même. La prochaine fois que vous éprouvez une petite peur, peu importe la cause, procédez au même examen que précédemment. Notez l'endroit exact de votre corps où elle se localise et la manière dont votre être tout entier y réagit. Vous découvrirez probablement qu'il réagit exactement de la même manière.

La peur est la peur. Elle ne varie qu'en durée et en intensité. Après l'avoir constaté vous-même, il s'agit de suivre une petite peur jusque dans sa pleine expression. Supposons que vous ayez une aversion pour les araignées et qu'il y en ait une inoffensive qui s'apprête à vous monter sur le visage. Dans cette circonstance, vous ne bougez pas et vous laissez l'araignée venir plus près que vous ne l'auriez normalement fait. Plus vous demeurez tranquille tandis que l'araignée approche, plus votre peur prendra des proportions insupportables. Vous constaterez que les petites peurs ne sont pas du tout petites; elles sont simplement plus faciles à dominer ou à éviter.

Penchons-nous maintenant sur un exemple de relations entre personnes. Supposons que vous soyez en train de vous disputer avec votre conjointe, qui sort, en colère, avant que le problème ait été résolu. Vous demeurez seul, vous croyez que la relation est peut-être terminée et vous voilà soudain aspiré par la peur familière d'être abandonné. Mais, cette fois-ci, même si cela semble étrange et non naturel, vous questionnez la peur directement et traduisez les réponses instinctives en mots.

Si la relation est bel et bien terminée, quel est le pire qui puisse m'arriver?
Je demeurerai seul.
Si je demeure seul, quel est le pire qui puisse m'arriver?
Il n'y aura personne pour m'aimer.
S'il n'y a personne pour m'aimer, quel est le pire qui puisse m'arriver?
Je serai misérable.

Si je suis misérable, quel est le pire qui puisse m'arriver?
Je ne pourrai pas le supporter.
Si je ne puis le supporter, quel est le pire qui puisse m'arriver?
Je vais m'effondrer, je perdrai mon emploi, je deviendrai un vagabond.
Si je deviens un vagabond, quel est le pire qui puisse m'arriver?
On m'assassinera, ou je mourrai de faim ou de froid.

Voilà. En définitive, peu importe le temps qu'il faut pour y arriver, l'idée de la mort surgit. En toute logique, vous savez que la fin d'une relation ne constitue pas une menace pour la vie. Comme vous pouvez maintenant le supposer, la peur n'a rien à voir avec la logique.

Dans l'optique de la quatrième invitation, la peur est quelque chose à respecter et à accueillir. C'est même quelque chose à encourager. Lorsque vous vous ouvrez complètement à une petite peur, qui se révèle avoir pour essence la peur de la mort, vient le moment décisif. Sans autre mot, la clarté jaillit: *La mort rôde autour de moi. Je ne la fuis plus. Je la remercie. Elle rend tout immédiat et sacré.*

Dans le prolongement d'une telle acceptation inconditionnelle, toute peur commence à perdre de sa puissance. En fin de compte, le combat cesse, la fuite cesse; il ne reste qu'une paix hors du commun et souveraine.

L'ACCEPTATION DE LA QUATRIÈME INVITATION

Au mieux de mes capacités actuelles en évolution, je suis résolu à :

- faire face à la réalité de ma mort ;
- savourer chaque instant comme s'il était le dernier ;
- cultiver la tranquillité absolue ;
- me consacrer aux choses en suspens ;
- faire preuve de patience dans mes efforts pour pardonner ;
- effectuer des choix inspirés par l'amour ;
- suivre mes peurs jusqu'à la liberté.

La cinquième invitation

Vivre comme si vous rêviez

Dans les rêves et en amour,
rien n'est impossible.

Janos Arany

Dans la cinquième invitation, l'amour vous convie à vous éveiller au pouvoir de votre inconscient. Ce pouvoir vous mène vers une compréhension de vous-même plus profonde et remplit votre vie de nouvelles perspectives et de merveilleux.

Le rêve ne connaît pas de règles. On ne peut rien tenir pour acquis. À un moment, vous êtes mis en charpie dans une tranchée au cœur d'une guerre sanglante, l'instant d'après vous négociez le partage de votre jardin avec des marmottes, puis vous êtes soudain au milieu d'un volcan, extatique, en train de ramasser le pop-corn qu'il éjecte.

Un rêve mystifie, il étonne. Par-dessus tout, un rêve vous maintient alerte.

De quoi aurait l'air votre vie si vous la viviez comme un rêve ? En quoi serait-elle différente ? En quoi seriez-*vous* différent ?

Lorsque vous sautez du lit, le matin, la plupart du temps le monde semble être le même. La toilette ne parle pas le grec, le café ne vous prédit pas l'avenir, le journal ne claironne pas les manchettes avec une chanson entraînante et une danse. La régularité des événements quotidiens engendre une impression de prévisibilité et de routine.

Mais revenons en arrière. Lorsque vous sautez du lit, le matin, quel est votre état d'esprit ? Êtes-vous excité et impatient de vous activer ou devez-vous vous forcer à vous lever ?

Lorsque vous chaussez vos pantoufles, quels sons se font entendre ? Le chant des oiseaux, le bruit des autobus, les cris des enfants ou le vrombissement de ventilateurs ? Ces bruits sont-ils irritants ou apaisants, vous incitent-ils à vous lever ou vous découragent-ils ?

Sous la douche, vos mouvements sont-ils aisés ou laborieux ? De vieilles douleurs sont-elles revenues ? De nouvelles sont-elles apparues ? Ou, ce qui est plus agréable, votre corps au complet est-il souple et décontracté ?

Finalement, une fois que vous êtes assis pour jeter un coup d'œil aux informations, quelles nouvelles vous prennent aux tripes ou vous font trop mal ? Quelles sont celles qui provoquent un sourire narquois ou vous rappellent que vous êtes en retard pour le travail ?

Au-delà des activités de base qu'elles ont en commun, aucune de vos journées ne ressemble à une autre. D'ailleurs, aucun moment ne ressemble à un autre. Plus vous portez attention aux moments qui constituent votre routine, plus ils se révèlent uniques et exquis dans leurs détails. Quand vous portez sur votre existence quotidienne le regard étonné et toujours curieux de la part de rêve en vous, soudain la différence entre les deux états de conscience s'amenuise. Les deux regorgent de subtilité, de profondeur ardente et de surprises sans fin.

Quand la vie se déroule de la même manière depuis un bon bout de temps, nous nous mettons peut-être à supposer qu'elle sera toujours ainsi. Cela est sans doute vrai des événements quotidiens, mais encore davantage dans le cas des comportements bien établis en rapport avec le succès et l'échec, l'amour ou l'infortune. Il est facile de penser : *Je n'ai jamais connu le succès jusqu'à maintenant, alors demain ne sera pas différent.* Ou : *Comme je n'ai jamais trouvé d'amour durable, il n'y a aucune raison de supposer que cela va changer.* Ces croyances existent au plus profond de nous, sous la surface qui donne l'impression du contraire.

De telles croyances peuvent sembler le fruit d'une dépression ou d'un manque d'estime de soi ; en fait, c'est exactement le contraire qui est vrai. Réduire ses espoirs à cause du passé, que pourrait-il y avoir de plus arrogant ? C'est se prendre pour Dieu, condamner l'avenir avant même qu'il ait eu la chance d'arriver. Il est tragique de constater que cela fonctionne. Quand le pessimisme colore uniformément tout le paysage, il n'y a pas de place pour le cadeau de la vie. Tout comme l'amour, il ne peut entrer là où il n'est pas le bienvenu.

Vivre la vie comme si elle était un rêve exige une approche radicalement différente. Cela signifie abandonner l'arrogance pour l'humilité, la certitude pour l'hypothèse, la fermeture de l'esprit pour l'ouverture du cœur. Grâce à cette transformation, la vie devient un rêve éveillé. Elle n'en est pas moins réelle ni moins importante, mais tout devient plus étonnant, plus vivant. Moins de choses vous embarrassent ou provoquent votre fermeture. Vous devenez disponible pour votre expérience dans une plus large mesure qu'auparavant. Cette disponibilité ouvre la porte à un plus grand amour. Vous le ressentez à l'intérieur, vous le répandez chez les autres et vous le suscitez en eux en même temps.

Tout comme pour n'importe quel rêve, le rêve de votre vie est ouvert à l'interprétation. Cela veut dire qu'il y a plus que les apparences. Il y a beaucoup plus. Aucun détail n'est insignifiant ; aucun point de vue n'est complet. Plus vous êtes prêt à creuser, plus vous allez trouver.

Les gens que vous rencontrez dans cette optique ne sont plus simplement des individus, mais des personnages. Chacun a quelque chose de particulier à présenter et s'insère de manière unique dans votre rêve global. Un ami dans le besoin peut actualiser votre capacité, latente depuis longtemps, de donner, de recevoir et de trouver l'équilibre entre les deux. Un camarade de travail fourbe peut incarner l'objet d'un conflit et vous aider à comprendre que vous le recherchez, l'évitez ou, peut-être inconsciemment, l'exagérez. La ravissante serveuse, le mendiant misérable ou l'enfant effronté dans l'avion, même s'ils ne passent que très brièvement dans votre vie, ont néanmoins eux aussi leur rôle à jouer. Vos réactions face à chaque personnage peuvent être très révélatrices, tant que vous êtes à l'écoute.

On peut dire la même chose des événements. Votre accident de voiture, le coup de fil d'un ancien amant ou le fait que vous égariez votre montre trois jours de suite ne sont jamais de purs hasards. Vous pouvez toujours trouver un rapport, découvrir un sens. Pour ce faire, vous n'avez pas besoin d'analyser en profondeur ou de devenir narcissique. Cela n'exige pas de regarder la vie à travers une lentille particulière, que ce soit la religion, la psychologie, la philosophie, l'astrologie ou autre. Tout ce qu'il faut, c'est un peu de temps et d'imagination.

C'est dans le domaine de la mémoire que la vie bénéficie le plus de la perspective du rêve. Les histoires que nous nous inventons ne comportent habituellement qu'une seule intrigue et une petite liste de personnes, de lieux et d'événements importants. Ces histoires sont souvent centrées sur ce qui ne nous a pas réussi et ce que nous avons tenté de dépasser dans notre quête d'épanouissement. Ce sont souvent ces histoires que, dans nos efforts pour nous libérer définitivement du passé, nous divulguons au cours de thérapies et autres démarches de guérison.

Mais aucun élément d'un rêve n'est plus important qu'un autre. Lorsque vous tentez de trouver l'interprétation la plus lumineuse, vous devez prendre en considération la totalité du rêve. Si vous vous restreignez à certains événements ou à un seul épisode du rêve, vous risquez de passer à côté des détails les plus significatifs. Un rêve peut sembler concerner uniquement un voyage en voiture avec toutes les péripéties qui s'y greffent, jusqu'à ce que vous vous aperceviez que la route est pavée de robes de mariée et que l'essence dans le réservoir est un champagne très cher.

De la même façon, votre passé est beaucoup plus riche que ne saurait le révéler une simple biographie. Cela est dû à la double nature, consciente et inconsciente, du processus de formation des souvenirs. En ce qui concerne l'aspect inconscient, votre mémoire n'enregistre qu'une partie de toutes vos expériences. De cette partie, un bon nombre d'éléments seront oubliés. Il s'ensuit que vous êtes incapable de vous rappeler de grands pans de votre vie. Vous ne savez tout simplement plus ce qui s'est passé au cours de ces intervalles oubliés et vous ne pouvez déterminer l'importance de ces moments.

En ce qui concerne l'aspect conscient, chaque rappel d'un événement en renforce le souvenir. Le fait de vous concentrer sur la version de votre histoire de vie qui a la primauté cristallise les souvenirs qui s'y rattachent de manière démesurée par rapport à tout le reste. Sans un rafraîchissement régulier, même les souvenirs accessibles peuvent s'estomper ou s'effacer entièrement. C'est particulièrement vrai si les souvenirs n'appartiennent pas à l'histoire «officielle» de votre vie, celle que vous vous racontez, ou s'ils la contredisent.

En voyant votre mémoire comme un rêve, vous évitez le piège que représentent les restrictions associées à toute histoire. Vous reconnaissez que ce qui vous a amené au moment actuel, ce qui vous a fait tel que vous êtes, est beaucoup plus vaste que tout ce que vous pourrez jamais savoir. Personne n'est seulement le résultat d'un foyer brisé, le survivant d'un terrible accident ou celui qui était si timide. Vous pouvez neutraliser, alléger et même transcender vos échecs et les obstacles que vous vous créez, quels qu'ils soient, en cherchant des histoires parallèles. Peu importe le degré d'oubli de votre passé, il existe toujours des souvenirs additionnels à retrouver.

Par exemple, vous avez peut-être souffert d'une grave carence affective durant votre enfance. Vous avez peut-être passé des années à recevoir de l'aide psychologique et dépensé des milliers de dollars pour en démêler les conséquences. Vu sous l'angle du rêve, vous ne niez ni ne minimisez le souvenir de la négligence dont vous avez été victime dans le passé ; au contraire, vous y ajoutez quelque chose. Vous vous mettez à la recherche de souvenirs, réels ou virtuels, d'expériences de jeunesse qui furent stimulantes et bénéfiques. Votre perspective s'agrandit de manière à englober des thèmes importants autres que ceux du foyer et de la famille. Ce processus finit par porter ses fruits. En jetant de nouveaux éclairages sur votre passé, vous élargissez nécessairement votre présent.

Une telle expansion prend place en vous, le rêveur, dès que vous acceptez la cinquième invitation. La reconnaissance des changements vécus d'un rêve à l'autre vous aide à faire preuve de la même souplesse dans la vie quotidienne. Lorsqu'il est indiqué d'être fanfaron et effronté, vous vous montrez à la hauteur. Quand les circonstances exigent subtilité et tendresse, vous changez de ton. En aucun temps vous ne vous cantonnez dans un seul type de comportement. En aucun temps un seul trait n'éclipse tous les autres.

Une fois que vous vous permettez d'être tout ce que vous êtes, vous avez l'impression d'être plusieurs personnes en même temps. Au travail, vous êtes un lion, mais au foyer vous êtes un mouton. En société, vous êtes réservé, alors qu'en tête-à-tête vous êtes expansif. Vous êtes généreux avec les autres, mais radin avec vous-même. Au lieu de déplorer cette réalité ou de tenter d'y remédier, en tant que rêveur vous l'accueillez totalement. Vous reconnaissez que votre force vient surtout de la diversité et non de l'uniformité.

Vous portez une attention particulière à vos faiblesses, à vos travers et à tout ce dont vous souhaiteriez vous départir. Vous comprenez comment les rêves peuvent vous révéler des aspects de vous-même habituellement niés et vous recherchez des révélations semblables à l'état de veille. Au lieu de fuir ces ombres, vous les accueillez. Vous prenez conscience que l'intimité avec vos ombres donne accès à l'intimité avec vous-même.

À mesure que tout cela se passe — nouvelle vision des gens et des événements, expansion de votre histoire et de votre personne, prise de contact avec vos ombres —, vous commencez à vous sentir protégé, nourri et même aimé du simple fait que vous existez. Vous ne pouvez pas dire si la source de cet amour est à l'extérieur ou à l'intérieur, et cela n'a pas vraiment d'importance. Vous sentez que ce que vous êtes ne peut être distingué de ce que vous percevez et expérimentez. Sans pour autant perdre votre sentiment d'identité, vous vous fondez dans le vaste tout, et plus spécialement dans l'amour qui le tisse. Plus vous aimez, plus vous grandissez. Vous vous consacrez à ce déploiement continu, qui procure l'exaltant sentiment que votre rêve vous conduit vers un but.

En outre, plus vous devenez expert en tant que rêveur, plus vous exercez un contrôle sur votre rêve. Ce contrôle peut même aller jusqu'au rêve conscient, où vous avez la capacité de changer le cours du rêve par la puissance de votre intention personnelle. Vous pouvez vous livrer au rêve conscient aussi bien le jour que la nuit. Ce n'est ni magique ni mystérieux. Ce n'est qu'une manière de concentrer votre énergie sur tout comportement, toute perception ou tout rôle devenus stagnants et limitatifs. Vous remplacez ces éléments morts par le rêve d'un avenir différent. Vous encouragez, stimulez et aimez cet avenir, lui insufflant ainsi la vie.

Peu importe quand se réalisera ce futur, peu importe même qu'il se réalise ou pas, vous portez l'histoire de votre vie avec plus de douceur. Peu importe ce qu'il advient, vous apprenez à ne pas prendre cela trop au sérieux. En fin de compte, ce n'est qu'un rêve. Il peut changer à tout moment et vous aussi pouvez changer à tout moment. Dans une perspective aussi libératrice, vous changez souvent en effet.

La lumière sur la cinquième invitation

Il n'y a que deux façons de vivre votre vie:
l'une en faisant comme si rien n'était un miracle,
l'autre en faisant comme si tout était un miracle.

Albert Einstein

Voir le banal autrement

Le magique et le mystérieux sont toujours présents, même là où vous les attendez le moins.

La vie quotidienne comporte des périodes de corvées et d'ennui, c'est obligatoire…, mais l'est-ce bien ? Vivre comme si vous rêviez implique l'examen des éléments de votre vie qui se sont transformés en routine. Avec de la sensualité et de l'imagination, « la même chose » peut devenir étonnamment nouvelle.

Considérons le travail domestique. L'époussetage vous apparaît comme une véritable corvée et la toile d'araignée qui pend du plafond, hors d'atteinte, est une nuisance. À ce moment, au lieu d'explorer votre peur des araignées, comme dans le cadre de la quatrième invitation, vous pourriez vous demander comment vous vous sentiriez si vous en étiez une. Aimeriez-vous passer la plus grande partie de votre temps suspendu dans les airs et glissant d'un point à l'autre sur un trapèze fait maison ? Et que dire de ces huit pattes : pourraient-elles se nuire mutuellement ? Vous assoupiriez-vous durant les longues attentes pour votre dîner ? Et comment réagiriez-vous devant ces géants des centaines de fois plus gros que vous qui s'enfuient à toutes jambes en poussant des cris stridents chaque fois qu'ils croisent votre chemin ?

Même en l'absence de toile d'araignée, comment attaquez-vous habituellement le ménage d'une pièce ? Commencez-vous par le plafond ou par le plancher ? Que diriez-vous, pour une fois, de permettre que l'époussetage devienne une danse ? Laissez le chiffon balayer la table à café en formant de larges huit. Sentez le rebord lisse et froid de la fenêtre au bout de chaque doigt. Polissez le meuble de la chaîne stéréo avec votre derrière. Lorsque vous commencez à vous trouver ridicule et à vous sentir gêné, ne repoussez pas ces sentiments. Laissez-les plutôt s'exprimer. Quel chant entonnent-ils? Comment évoluent-ils? Si vous vous retrouvez sur le plancher comme un parfait idiot, profitez-en pour épousseter le dessous du sofa.

L'époussetage n'a rien de très glorieux. Vous pouvez engager quelqu'un pour cette tâche et ne plus jamais y penser. Mais si vous ne pouvez vous permettre ce luxe et devez régulièrement vous astreindre à ce travail domestique, alors il n'en tient qu'à vous d'en faire une tâche stimulante.

Cela vaut aussi pour les autres activités routinières, comme le trajet quotidien pour aller au travail et en revenir. Vous pouvez vous énerver et résister jusqu'au bout ou transformer le voyage au complet en un rêve. Ainsi, la prochaine fois que vous prendrez le volant, regardez le paysage à travers votre pare-brise. Le ciel est-il nuageux ou clair? Est-il gris ou bleu? À quoi vous fait penser cette couleur?

Ouvrez maintenant la fenêtre, si vous n'êtes pas entouré de gaz d'échappement, et prenez une bonne respiration. Y a-t-il un parfum dans l'air? Celui-ci est-il humide ou sec? Chaud ou frais? Quand avez-vous déjà respiré un air semblable? Laissez votre mémoire sensorielle le retrouver. Puis, tout en gardant les yeux sur la route, transportez-vous par la pensée dans le passé. Quelles personnes s'imposent le plus à votre esprit? Si elles apparaissaient soudainement devant vous, qu'aimeriez-vous leur dire? Que verraient-elles par la fenêtre que vous ne voyez pas? De quelle manière différente percevraient-elles cette scène?

Votre vitalité se mesure à votre curiosité, ni plus ni moins. Mis à part le ménage et la voiture, prenez un moment pour examiner des activités qui sont devenues étouffantes. Pourriez-vous leur insuffler de nouveau de la vie par votre rêve? Pourriez-vous vous ouvrir à elles avec le même enthousiasme que vous mettez dans l'accomplissement de vos activités favorites, et du même coup vous ouvrir à l'amour? Si vous le pouvez, quand seriez-vous prêt à commencer?

Bien sûr, il vous arrivera d'oublier. Malgré vos meilleures intentions, votre regard va s'obscurcir. Cela ne constitue pas un échec, mais bien un défi. À ce moment précis, cherchez, en vous-même ou dans votre environnement immédiat, ce qui pourrait vous réveiller.

La répétition

Les comportements douloureux sont des appels de votre inconscient.

C'est une erreur de croire que les choses seront toujours comme elles ont été, mais il est vrai qu'elles suivent parfois un certain schéma. L'ignorance des cycles familiers vous condamne à la fermeture et constitue donc un obstacle à l'amour.

Avant d'aller plus loin, procédez à une évaluation rapide et honnête de vos comportements qui vous sont préjudiciables. Accumulez-vous constamment des dettes malgré tous vos efforts? Semblez-vous toujours attirer des patrons exigeants? Perdez-vous constamment des amis à cause de mêmes problèmes?

Quand des situations se répètent dans votre vie, surtout si vous tentez de les changer, alors la cinquième invitation constitue un outil précieux. Au lieu de vous blâmer ou de baisser les bras, vous pouvez voir ces situations comme des rêves récurrents.

Un rêve récurrent indique habituellement que votre inconscient sollicite votre attention. Tant que vous ne comprenez pas son message, le rêve va probablement continuer. Afin de comprendre le message, vous ne devez pas prendre le rêve au pied de la lettre, mais plutôt en chercher le sens profond. Le thème de l'ours qui rôde n'a probablement rien à voir avec votre peur des animaux sauvages, pas plus que le thème de la chute n'a de rapport avec votre peur des hauteurs.

À l'évidence, l'inconscient s'exprime de manière suggestive, symbolique. Ce qui est moins clair, c'est comment il s'exprime dans l'état de veille. Tout comme un rêve récurrent vous porte à vous arrêter, à analyser, ainsi en est-il d'un schéma d'événements troublant. L'avantage que présente un schéma, une fois que vous consentez à l'examiner, est qu'il attire votre attention sur ce qui est au-delà de votre conscient. Presque à coup sûr, l'exploration met au jour une fermeture émotionnelle longtemps négligée.

Contrairement au rêve nocturne, le rêve éveillé ne nécessite aucune interprétation. Il vous suffit de mettre en pratique la première invitation et de sentir ce qui était auparavant bloqué. Il faut, à cette fin, laisser les émotions associées à une situation remonter complètement à la surface. Cela veut dire les accompagner vers leur source avec douceur.

Commençons par examiner un exemple simple. Supposons que vous arriviez toujours en retard au travail, peu importe l'heure à laquelle vous réglez le réveille-matin. Il s'agit d'une nouvelle habitude, mais il semble que vous n'y pouvez rien. Chaque fois, vous éprouvez un sentiment de culpabilité. Votre inconscient s'arrange pour constamment créer l'occasion de vous faire sentir coupable, mais pourquoi ? La prochaine fois que vous êtes en retard, au lieu de résister à la culpabilité, ouvrez-vous à elle. Soudain surgit l'image d'un collègue de travail avec qui vous avez récemment été impoli. En cet instant même, il est clair que, depuis lors, vous vous êtes senti coupable, mais vous avez repoussé ce sentiment. Sitôt que vous serez disposé à l'accueillir dans sa totalité, il y a de bonnes chances pour que vous commenciez à arriver à l'heure.

Pouvez-vous savoir à coup sûr que les deux incidents sont directement liés ? Non. Est-il possible que vous continuiez à arriver en retard ? Bien sûr que oui. En regardant vos schémas de comportement comme un rêve récurrent, vous avez néanmoins découvert quelque chose d'important sur le plan émotionnel. Rappelez-vous que chaque émotion revendiquée vous rend un peu plus disponible. Une telle disponibilité vous donne davantage accès à l'amour, autant à son ressenti qu'à son partage. Même si cela n'est pas évident au début, la raison ultime de l'analyse d'un schéma de comportement est le relâchement de son emprise sur votre cœur.

Examinons maintenant un schéma de comportement plus profond. Supposons que vous attiriez sans cesse le même genre de partenaire peu aimant. Les visages, les noms et les personnalités changent, mais votre sentiment de solitude ne change à peu près pas. Peut-être avez-vous exploré cette situation dans des ateliers ou dans le cadre d'une thérapie et peut-être avez-vous découvert que tout provient d'une blessure d'enfance. Malgré cette information et même si vous vous « reprogrammez » afin de prendre une autre direction, vous semblez en quelque sorte toujours être à la case départ. Vous y êtes bloqué, car la reconnaissance et la compréhension ne suffisent pas. Un refoulement émotif aussi énorme engendre une somme correspondante de résistance à relâcher.

Bien qu'il existe de nombreuses techniques pour favoriser ce processus, les seuls ingrédients essentiels sont le temps et la bonne disposition. Peut-être votre prise de conscience vous portera-t-elle à noter par écrit la manière dont la blessure s'est installée, avec tous les détails qui vous reviennent à la mémoire, en arrêtant fréquemment pour ressentir les effets. Vous souhaiterez peut-être raconter votre histoire de vive voix à un ami en qui vous avez confiance, en ne vous souciant pas de la clarté des mots eux-mêmes et en vous concentrant sur les émotions qu'ils suscitent.

Pour de nombreuses personnes, la peur, la honte et les critiques associées à leurs premières blessures sont si envahissantes qu'il faut beaucoup de patience pour remonter aux sentiments originels. Elles craignent en outre d'être prises au piège du blâme ou de trop ressasser le passé. Voilà pourquoi il importe de se rappeler que les émotions non ressenties vivent dans le présent, qu'elles influent sur le présent et qu'en fin de compte les ressentir favorise la diminution des blâmes plutôt que leur augmentation.

Ressentir toute la douleur des blessures d'enfance peut prendre des mois, voire des années. Il peut en subsister des échos à jamais. En même temps, il *existe* néanmoins un seuil défini, un point au-delà duquel vous devenez fondamentalement libre. Comment savoir que vous avez atteint ce point ? Ce n'est pas quand le schéma de comportement vous laisse. Jusqu'à un certain degré, il pourrait toujours persister. Ce qui change plus que tout, c'est votre réaction. Vous la reconnaissez plus vite, vous vous y inclinez moins souvent et vous vous surprenez à pouvoir agir différemment. Ces changements mûrissent graduellement en vous, jusqu'à ce que le schéma de comportement n'apparaisse plus comme une catastrophe, mais simplement comme une partie de votre masque. Vous vous surprendrez peut-être à contempler ce schéma avec tendresse et gratitude pour cette occasion de croissance.

Tout le portrait

Aimer la vie jusqu'au bout peut exiger l'éclatement de votre histoire passée.

Le rêve et le souvenir se ressemblent. Les deux n'existent que dans la tête. Les deux évoquent de forts sentiments, sont plus ou moins clairs et nous portent souvent à réfléchir. Pourtant, dans la plupart des cas, nous les abordons de façon radicalement différente. Nous interprétons les rêves : plus nous les fouillons, plus nous les comprenons. En revanche, nous avons tendance à aborder les souvenirs comme une collection de faits. Nous voyons le passé comme une réalité statique dotée d'une existence séparée de nos perceptions.

Accepter la cinquième invitation, c'est comprendre que les souvenirs *sont* des rêves et qu'ils ne sont objectivement ni vrais ni vérifiables. Bien que vous puissiez étayer certains détails de votre passé, les souvenirs de ce passé comprennent surtout des impressions et des sensations subjectives. Si vous en doutez, parlez de quelques-uns de vos premiers souvenirs importants avec des membres de votre famille. Demandez-leur leur version des mêmes événements : elle diffère presque toujours de façon substantielle.

En reconnaissant ces différences, vous êtes disposé à jeter un nouvel éclairage sur vos souvenirs. Vous vous rendez compte qu'aucun train de souvenirs n'est parfaitement fiable, complet ou compréhensible sans un éclairage supplémentaire. Lorsque vos histoires venues du passé vous ont maintenu dans la fermeture et vous ont coupé des autres, cette nouvelle perspective élargie peut contribuer à vous libérer de leur emprise. Cela peut vous rendre réceptif là où d'autres méthodes ont échoué et vous aider de manière significative dans votre poursuite de l'amour.

Prenons de nouveau l'exemple de la négligence parentale. Cette situation, à cause de ses conséquences graves, peut illustrer les bienfaits de l'expansion des souvenirs. Après avoir pris connaissance des explications qui suivent, faites une pause et méditez sur vos souvenirs les plus pénibles. Donnez-leur ensuite une expansion plus ou moins poussée, selon les trois étapes exposées ci-après.

Il est certain qu'une négligence majeure de la part des parents laisse une pléthore de souvenirs douloureux. Déterrer et analyser ces souvenirs dans le cadre d'une quelconque thérapie se révèle presque toujours utiles. Mais l'effet le plus pernicieux de cette négligence est peut-être que celle-ci vient masquer les expériences, normales ou extraordinaires, de la petite enfance.

Pour récupérer complètement les résidus d'une telle enfance, commencez par dresser la liste de tous les souvenirs d'expériences qui vous ont apporté un répit, un soulagement et même du plaisir. Celles-ci peuvent englober votre rêverie préférée, une bande dessinée ou un parc du voisinage, de même que des amitiés spéciales et des passe-temps captivants. Il est important de noter que ces expériences peuvent aussi inclure les larmes, la rage et même la révolte adolescente, si tout cela vous a aidé à ne pas vous abêtir. C'est que tous ces souvenirs possèdent leur propre vitalité indépendante. En les récupérant et en les repassant souvent, vous contribuez à votre propre libération.

La deuxième étape de l'expansion des souvenirs implique de sonder votre passé pour découvrir des histoires supplémentaires. La négligence, peu importe son degré, ne constitue toujours qu'une histoire parmi tant d'autres. Vos rapports avec vos frères et sœurs, avec votre parenté, vos amis et avec le monde environnant peuvent vous fournir beaucoup d'autres histoires. Vous ne devez pas chercher à faire émerger simplement les histoires qui se rapportent à des incidents ou à des relations avec l'entourage. Ce que vous recherchez est beaucoup plus vaste et comporte des thèmes et des éléments qui ont contribué à votre identité.

Par exemple, avez-vous connu la pauvreté? Le problème de l'argent est presque toujours assez puissant pour donner lieu à une interminable saga. Ou encore, vous êtes-vous constamment comparé avec une personne centrale dans votre vie ou avec un modèle? Les comparaisons sont toujours la source de nombreuses histoires. Il en va de même pour la passion, y compris sa recherche et son manque, que ce soit au travail, en amour ou dans la vie en général.

Il n'existe qu'un nombre limité de thèmes majeurs, mais les histoires qu'ils engendrent sont aussi diversifiées que les gens qui les vivent. En récupérant vos propres histoires, vous serez à même de constater que, aussi loin que vous pouvez vous le rappeler, vous avez toujours été le héros de *nombreux* récits. S'enfermer dans un d'entre eux et limiter sa perception de soi à son cadre, c'est comme rêver en noir et blanc.

La troisième étape de l'expansion des souvenirs est la plus stimulante: on ne devrait l'entreprendre que si l'on est prêt à y accorder beaucoup d'attention et de temps et si l'on bénéficie d'un bon soutien. Elle exige que vous envisagiez vos souvenirs du point de vue des « méchants ». Cela veut dire non seulement comprendre les parents qui vous ont négligé, mais aussi vous visualiser *comme étant* ces parents.

Lorsque vous êtes prêt, sans présumer de vos forces, l'échange de rôles peut vous amener à une grande découverte. Au début, vous serez peut-être étonné de constater que votre rôle de parent comprenait bien plus d'aspects que la simple négligence. Si la négligence était principalement d'ordre émotionnel, alors peut-être étiez-vous, jusqu'à un certain point, un soutien de famille ou un protecteur. Peut-être avez-vous conduit votre enfant à l'école, chez le médecin, prodigué d'autres attentions quotidiennes de base. Inversement, si c'était principalement les soins quotidiens qui étaient négligés, alors peut-être étiez-vous une sorte de soutien émotionnel. Peut-être avez-vous exprimé votre affection, un sentiment d'unité, même si vos actes ne l'ont pas reflété.

Bien sûr, il est possible que vous ayez négligé les deux aspects de votre rôle de parent. Au lieu d'être simplement négligent, peut-être étiez-vous totalement absent. Dans ce cas, quelle était la cause de votre absence ? Il y a des chances pour que ce soit votre abattement ou votre incapacité à ressentir votre propre cœur. Comment avez-vous ressenti cette absence ? Sans doute, sous les dénis et les justifications, vous remplissait-elle de la même tristesse, des mêmes regrets et de la même culpabilité.

La démarche ne vise pas à excuser l'inexcusable, que cela soit dit. Mais l'exercice peut amener une profonde guérison. Dès que disparaît le méchant, la victime aussi s'évanouit. Au lieu de ces stéréotypes unidimensionnels se profilent des êtres humains, remplis de faiblesses et de conflits, et exaspérants de complexité.

Tout comme dans le rêve, nos rôles dans l'état de veille sont infiniment variés et très instables. Lorsque vous pouvez entrevoir les gens de votre passé sous cet éclairage, vos jugements sur eux s'adoucissent. Vous vous adoucissez. Votre cœur saute sur l'occasion et se tourne vers ceux qui en étaient naguère bannis.

Le jeu des rôles

Chaque personne rencontrée constitue une expression de vous-même.

Selon une méthode populaire d'interprétation des rêves, chaque personnage qui fait partie d'un rêve représente un aspect de vous-même. Sous cet angle, pour avoir accès à la pleine compréhension de tout rêve, il vous faut le revivre dans la perspective de chaque personnage. Vous avez fait l'expérience d'une variante de cette technique précédemment et vous avez vu comment cela peut transformer votre vision des autres. Personnifier les personnages du rêve peut aussi transformer la vision que vous avez de vous-même.

Supposons que vous rêviez être retenu dans une ruelle par une énorme brute. Revivre votre rêve du point de vue du héros, le « je » du rêve, peut engendrer de la panique, de la terreur. En analysant ces sensations plus en profondeur, vous pourriez découvrir des peurs inconscientes antérieures concernant ce qui se passe actuellement dans votre vie.

Vous revivez la même scène, mais cette fois-ci vous êtes le poursuivant. Au début, vous vous sentez peut-être comme un prédateur rempli de haine ; mais plus vous entrez dans la peau du personnage, plus il y a de chances pour que vous soyez témoin d'autres révélations. Par exemple, il se peut que vous vous sentiez frustré ou même coupable d'avoir poursuivi ainsi votre victime. Peut-être avez-vous essayé pendant des mois ou des années d'attirer l'attention en étant toujours repoussé. Peut-être votre message était-il simple au début. C'est peut-être que vous n'êtes pas aussi fort que vous en avez l'air, que vous êtes las de toujours prétendre être si puissant et que vous ne souhaitez que cesser de vous battre.

Dans ce cas-ci, le fait de jouer le rôle du poursuivant vous familiariserait avec un aspect de vous-même qui semble avoir été longtemps refoulé. Vous auriez l'occasion de l'explorer, de l'évaluer. Êtes-vous aussi fort que vous le semblez? Exagérez-vous parfois votre puissance? Serait-ce un soulagement de cesser de vous battre?

La technique d'expansion du rêve dans l'état de veille n'exige rien de moins qu'un changement de perspective révolutionnaire. Cela signifie que chaque personne que vous rencontrez — votre patron, votre député, votre dernier flirt... — est en fait un aspect de vous. Vous n'acceptez pas cela bêtement, comme si l'on vous disait: «Dieu a plusieurs visages.» Plutôt, vous entrez en rapport avec les gens de votre entourage en tant qu'expressions extérieures de votre être même.

Supposons que vous ayez un oncle arrogant qui vous rabaisse sans cesse. Normalement, vous l'éviteriez ou vous lui répliqueriez. Maintenant, vous tentez de vous mettre dans sa peau, afin de voir et de sentir comme lui. Immanquablement, vous y gagnez une grande compréhension de son comportement. Peut-être vos succès lui rappellent-ils ses propres échecs. Peut-être que sa hauteur habituelle masque une profonde haine de lui-même. La reconnaissance des raisons infiniment humaines de sa façade d'arrogance et de dérision vous permettra peut-être de cesser de résister autant à ces traits. Une fois que vous les avez acceptés un peu plus en lui, vous pouvez rechercher des traits semblables en vous.

Vous pourriez arguer qu'une telle approche est trop complaisante envers votre oncle et que, pendant que vous travaillez à votre croissance personnelle, il est libre de continuer à être le même vieux salaud. Toutefois, vu sous l'angle de l'ouverture du cœur, il peut, d'une manière ou d'une autre, contribuer merveilleusement, avec tout ce qu'il a de désagréable, à l'ordre des choses. Il ne vous appartient pas, ni à quiconque, de le déterminer et encore moins de porter des jugements. Par ailleurs, si vous souhaitez mettre votre oncle face à son attitude dans l'espoir qu'il change, qu'est-ce qui pourrait le plus augmenter vos chances de succès que la découverte d'un terrain commun ?

Vous pourriez aussi arguer que vous n'êtes pas le moins du monde arrogant ou blessant, mais qu'au contraire vous êtes en fait très humble et d'un grand soutien. Or un des principes de la cinquième invitation est que chacun d'entre nous est capable de tous les comportements. Nous sommes à la fois le rêveur individuel et la totalité du rêve. Nous nous identifions avec divers aspects de nous-mêmes à des degrés divers, mais ils sont tous constamment présents.

« Jouer » votre oncle vous permettrait de *sentir* ce que c'est que d'être arrogant et blessant. Vous pourriez alors vous rappeler les occasions où vous vous êtes senti ainsi, ne serait-ce qu'à un faible degré. Ne vous êtes-vous jamais montré un brin supérieur à quelqu'un ? N'avez-vous jamais exagéré vos propres réalisations ? Si vous ne pouvez honnêtement vous rappeler de telles situations, demandez de l'aide à ceux qui vous connaissent bien. Une fois que vous en avez trouvé, vous avez du coup mis le doigt sur une forme d'arrogance.

Vous est-il déjà arrivé de déceler une faiblesse chez quelqu'un et de le lui signaler alors que ce n'était ni nécessaire ni utile ? Vous est-il déjà arrivé de vous moquer de quelqu'un tout en sachant que cela allait le blesser ? Si vous ne pouvez honnêtement vous rappeler de tels incidents, vérifiez encore une fois auprès de ceux qui vous connaissent le mieux. Lorsque vous en découvrez, vous mettez le doigt sur une forme de moquerie.

Après avoir pris conscience de la présence d'éléments déplaisants en vous-même, il vous est parfois facile de les accepter. D'autres fois, l'acceptation est plus difficile. Dans de tels cas, le réalignement peut s'avérer très utile. Votre réaction initiale peut, par exemple, être : *Je ne peux pas croire que je suis comme mon oncle ! C'est dégoûtant ! Et pendant tout ce temps, je me croyais blanc comme neige.* Après le réalignement, vous pourriez constater : *Il m'arrive d'être arrogant et moqueur. Le reconnaître est pénible, mais c'est aussi quelque chose sur quoi je peux librement travailler.*

L'exploration peut aussi vous aider à accepter les traits de caractère désagréables. En explorant l'arrogance, vous pourriez découvrir un idéal personnel tel que : *Je devrais toujours être modeste.* Cet idéal pourrait se fonder sur la croyance de base que *la modestie est souhaitable.* Mais est-elle toujours souhaitable ? N'y a-t-il pas des circonstances où un peu d'autosatisfaction et même de l'exagération pourraient être d'un certain secours devant une tâche décourageante ? Peut-être en doutez-vous. Cependant, n'est-il pas permis d'avoir quelques défauts ?

Une fois que vous êtes à l'aise avec l'idée de voir les autres en tant qu'expression de vous-même, appliquez-vous-y pendant environ une semaine. Entrez brièvement dans la peau des personnages qui croisent votre chemin. Essayez de voir et de sentir le monde comme eux. Toutefois, ne donnez pas prise à des perceptions négatives de vous-même, car elles peuvent vous fermer inutilement. Ne vous inquiétez pas de devenir présomptueux dans vos évaluations : pour l'instant, il ne s'agit que de personnages de *votre* rêve. Si vous n'arrivez pas à définir précisément certains des personnages, interrogez-les, invitez-les à se révéler à vous. Lorsqu'ils sentent votre réel intérêt, ils s'ouvrent presque toujours.

Après cette exploration, passez en revue votre liste de personnages. Avez-vous l'impression d'avoir plus de traits en commun avec eux qu'auparavant ? Cela vous a-t-il aidé à mettre au jour des aspects inconnus en vous ?

Chaque fois que vous vous adonnez à ce jeu des rôles, vous vous rapprochez un peu du monde, de vous-même, de l'amour. La voie de l'amour consiste à accueillir tous les attributs et tous ceux qui les possèdent avec équanimité et compassion. Cela s'applique même aux traits apparemment détestables. L'amour ne condamne pas, ne dénie pas, ne divise pas. Il ne fait que relier. Cette capacité de se reconnaître dans les autres et de les reconnaître en nous est peut-être la plus grande force de guérison.

La multiplicité

Plus vous accueillez toutes vos personnalités séparées, plus vous croissez dans une harmonie globale.

Dans la deuxième invitation (« Tout remettre en question »), nous avons examiné plusieurs limitations possibles dans votre manière de vous voir. Celles-ci incluaient l'identification exagérée avec la famille et les rôles sociaux, les croyances périmées et les auto-condamnations à l'emporte-pièce. Revenons maintenant au sujet de la perception de soi. En vous regardant à travers la lentille de la cinquième invitation, vous pouvez « rêver » un sentiment d'identité plus riche, plus harmonieux et plus près de l'amour.

Nous avons déjà vu comment le fait de jouer les divers personnages de votre vie vous révèle des aspects de vous-même moins connus. Or une fois que vous les avez reconnus, que devez-vous en faire ? Pour commencer, pendant quelques jours, soyez attentif aux moments où vous vous trouvez en contradiction avec vous-même, lorsque la manière dont vous voulez sentir et agir est très différente de la manière dont vous vous comportez en réalité.

Vous arrive-t-il de vouloir vous laisser aller à somnoler en plein milieu d'une réunion de travail, mais de plutôt vous redresser comme un piquet ? Vous arrive-t-il d'avoir des pensées d'ordre sexuel au sujet de personnes avec qui la chose serait tout à fait inappropriée, mais de les chasser avec véhémence avant qu'elles prennent de l'ampleur ? Souvent, lorsque votre humeur, vos réactions et vos désirs ne correspondent pas à l'image que vous avez de vous-même, une bataille fait rage en vous. Cependant, une victoire à court terme peut se transformer en défaite à plus long terme.

Supposons que vos pensées soient souvent méchantes et pleines d'ironie envers les autres, au point que vous vous évertuez à les étouffer. Tôt ou tard, peut-être au pire moment, une d'elles jaillira sous forme de commentaire.

Vous couper d'une partie de vous-même n'a rien d'un rêve. En fait, il s'agit d'un autre genre de résistance. Une fois que vous avez bien pris conscience de ces moments de bataille intérieure, il est temps de les vivre comme un rêve. Rien n'est exclu. Vous accueillez avec émerveillement toute pensée folle et toute impulsion égarée, même si vous ne les exprimez pas ni ne leur donnez suite. Vous cessez de prétendre que votre vie intérieure obéit à quelque règle que ce soit. Vous vous abandonnez plutôt à l'anarchie, vous vous en délectez; vous reprenez ainsi complètement vie.

Vous n'êtes pas constitué d'une seule identité, mais d'une multiplicité de personnalités. Il y a en vous un personnage bien élevé, mais aussi un personnage indécent. S'il existe en vous un personnage ouvert, il y en a également un borné. Ce qui est sain, c'est que, dès lors que vous avez pris conscience de toutes vos identités, vous êtes libre d'en faire le tour à votre guise. Moins vous tentez de les restreindre ou de les bannir, plus elles forment un tout harmonieux.

Cette approche peut sembler abstraite, mais elle apporte d'énormes bénéfices pratiques. Si vous vous voyez habituellement comme quelqu'un d'affairé et d'extraverti, vous ne croirez plus que quelque chose ne va pas lorsque vous traverserez une période de mélancolie et d'isolement. Si vous vous voyez habituellement comme paisible et non violent, vous ne vous sentirez plus mortifié quand vous laisserez libre cours à des fantasmes de rage meurtrière.

Au cours du rêve de votre vie, vous passez votre temps à changer de peau et à vous ouvrir à n'importe quelle identité qui se présente. Cela engendre plus d'amour envers vous-même, ce qui en retour en génère davantage envers les autres.

Avec le temps, vous noterez peut-être que certaines identités s'effacent et que d'autres viennent prendre leur place. Puisque vous ne vous accrochez à aucun ensemble d'attributs, vous ne ressentez plus ce mouvement perpétuel comme une crise, mais comme une aventure.

Pourquoi ne pas entreprendre l'aventure dès maintenant ? Dessinez un grand cercle et divisez-le en deux. Dans la moitié supérieure, inscrivez la liste des identités avec lesquelles vous vous sentez le plus à l'aise et familiarisé. Donnez-leur des noms comme « le travailleur acharné », « celui qui plaît », « le frugal », et ainsi de suite. Il est possible qu'il n'y en ait qu'une poignée, comme il est possible qu'il y en ait une douzaine. Dans la moitié inférieure du cercle, écrivez les identités dont vous êtes conscient, mais que vous jugez sévèrement et auxquelles vous ne vous livrez habituellement pas. Comme pour les précédentes, donnez-leur des noms : « le gaffeur », « le narcissique », « le radin », et ainsi de suite. Ici aussi, il peut y en avoir beaucoup ou très peu. Il n'est pas nécessaire qu'il y ait une opposition parfaite entre les éléments des deux parties ni que ces éléments soient clairement positifs ou négatifs. Vous allez probablement trouver de nombreuses identités, certaines familières, d'autres moins, d'autres entre les deux. Parmi ces dernières identités peuvent figurer le séducteur, l'excentrique et le blagueur.

Une fois que vous avez complété votre graphique circulaire, gardez-le avec vous pendant quelques jours et vérifiez-en l'exactitude. Serait-il plus juste que la portion supérieure occupe les neuf dixièmes du cercle ? Vous accordez-vous assez de temps pour parcourir la portion inférieure ? À la fin de chaque journée, faites un trait sur toute identité du cercle à laquelle vous avez vraiment consacré du temps sans être diverti par une autre. Votre objectif est que toutes les identités auront été barrées à la fin de la troisième journée. Inscrivez une note sur votre calendrier pour vous souvenir de redessiner le cercle dans six mois ; vous pourrez alors, au besoin, ajouter, retrancher et déplacer des identités.

L'égale importance que vous accordez à vos diverses identités entraîne des changements dans plusieurs autres aspects de votre vie. Le cercle de vos amis se diversifie et certains n'ont que peu en commun avec les autres. Vous êtes à l'affût d'un plus large éventail d'activités, même si elles ne vous emballent pas toutes. Un rocker punk qui s'adonne à la tapisserie fait preuve d'un esprit libre, tout comme un athlète qui adore la poésie, un prêtre qui fait du saut à l'élastique ou un président d'entreprise qui médite.

À chaque rêve, vous êtes quelqu'un de nouveau. Il en va ainsi de chaque jour, de chaque heure et parfois de chaque moment. Prenez l'habitude de vous demander : *Qui suis-je maintenant ? Quelle identité suis-je en train d'éviter ou d'ignorer ? Lesquelles attendent désespérément de placer un mot, de se reposer ou, pour un bref moment, de prendre les rênes et galoper ?*

La vision de nuit

Vous réapproprier les éléments les plus sombres de vous-même ouvre la porte à l'amour inconditionnel.

Parmi vos nombreuses identités, il s'en trouvera toujours que vous souhaiteriez ne pas avoir. Elles peuvent sembler exaspérantes, contre-productives et extrêmement honteuses. Néanmoins, elles existent. Tout comme les personnages qui vous entourent dans votre rêve éveillé, tous ces personnages intérieurs font également partie de vous. Chaque fois que vous tentez de nier ou de réprimer ces identités fantômes, vous les renforcez. Voilà pourquoi leur acceptation consciente et l'attention égale que vous consacrez à les examiner sont essentielles dans le contexte de la cinquième invitation.

Supposons que vous ayez travaillé fort pour établir en vous un sentiment d'indépendance. Vous vous occupez bien de vous-même et vous veillez à éviter les situations qui vous placeraient en état de dépendance inutile envers les autres. Mais voilà que vous vous trouvez soudain dans le manque. Cela peut se produire en présence d'un parent, d'un patron ou de quiconque dont vous espérez secrètement l'approbation. Cela peut se passer tout spécialement dans les relations sentimentales: votre autonomie habituelle se trouve alors mise en pièces, ce qui vous laisse nu et vulnérable.

Vous auriez autrefois nié sur-le-champ un tel manque, mais maintenant vous y accordez la place et le temps appropriés. Vous laissez votre identité dépendante occuper la scène toute seule, sans compétition de la part des autres identités ni critique. Vous remarquerez peut-être que, dans ce genre de situation, il suffit d'un peu d'attention pour étouffer cette soudaine agitation ou que, lorsque vous êtes attentif, vous pouvez recevoir des informations supplémentaires sur les raisons de votre manque.

En effet, les identités fantômes voient parfois ce que le reste de vous ne peut voir. Dans ce cas-là, il se peut que vous deviez dire le fond de votre pensée ou procéder à un changement; mais vous n'avez pas à le quémander. Une fois entendue et reconnue, votre identité dépendante va probablement disparaître. Une autre identité plus stable et plus habile peut alors prendre les choses en main.

Vous ne pouvez pas changer vos identités plus que vos sentiments, votre ressenti ou vos impulsions. Mais plus vous accordez d'espace à toutes vos identités, plus vous allez croître. Dans le vaste espace créé par cette acceptation, vos identités en compétition ne craignent plus l'annihilation. Elles se mettent à exiger moins et à offrir plus, vous donnant l'occasion d'intervenir auprès d'elles tel un arbitre illuminé. De toute évidence, on ne peut ni forcer ni précipiter un tel équilibre. C'est tout simplement ce qui arrive lorsque vous n'avez plus peur de la noirceur.

Mettez ce livre de côté un moment et prenez un stylo. Complétez la phrase suivante autant de fois que vous le pouvez en une minute: «L'un de mes pires aspects est...» N'allez pas chercher vos réponses trop loin. N'écrivez que ce qui vient naturellement. Ces «pires aspects» de vous constituent vos identités fantômes les plus facilement discernables. Pour leur donner l'attention qu'elles méritent, il n'est pas nécessaire d'attendre qu'elles vous sautent dessus et vous agressent. Faites-le dès maintenant, en les nommant et en vous les appropriant. *J'ai une identité qui juge. J'ai une identité de paresse. J'ai une identité de faiblesse. J'ai une identité d'insécurité.*

Après avoir nommé ces identités et vous les être appropriées, prenez une bonne respiration. Étirez-vous et secouez-vous. Il peut être dérangeant de vous approprier ce que vous méprisez, mais ces identités ne sont qu'*une partie* de vous. Vos «meilleures» identités font tout autant partie de vous. Tout cela va et vient, monte et descend, mais vous demeurez. Vous êtes le rêveur. Vous n'êtes rien de moins que la totalité du rêve.

Vos identités les plus difficiles sont, de loin, celles que vous ne pouvez nommer parce que vous n'en êtes même pas conscient. Elles sont si inacceptables et si terribles qu'elles ont été repoussées dans les profondeurs de votre inconscient. Bien sûr, vous ne pouvez travailler sur elles tant que vous n'êtes pas conscient de leur présence. Mais en accueillant toutes les identités fantômes connues, vous pouvez cependant créer un environnement qui encourage les plus enfouies à monter à la surface. De plus, vous pouvez vous mettre activement à leur recherche.

Une des façons de mener cette recherche, en utilisant la méthode décrite plus haut, consiste à jouer les rôles qui vous dérangent le plus. Si vous êtes aussi motivé que courageux, vous pouvez aussi prendre un raccourci. Chaque fois qu'un trait vous tape sur les nerfs chez quelqu'un, supposez simplement qu'il reflète une identité fantôme qui est au moins partiellement inconsciente. Plus votre réaction est forte, plus il est probable que cette identité fantôme est profondément enfouie.

Si vous détestez absolument les gens grossiers, prenez cela comme une indication que se cache en vous une identité odieuse. Si vous ne pouvez supporter les gens qui expriment leurs moindres sentiments, voyez l'identité en vous qui a besoin de s'exprimer. Si les hypocrites vous font horreur, soyez averti que vous possédez une identité hypocrite. Au début, presque à tout coup, cette pratique engendre beaucoup de résistance. Vous pouvez nier avec force posséder de telles identités. Ce genre de réaction défensive est courant et disparaîtra rapidement si vous persistez dans votre démarche. Une fois que vous aurez décelé une seule de ces identités fantômes, vous serez en mesure de reconnaître dans chaque aversion le symptôme d'une identité secrète.

Supposons que ce soient les hypocrites qui vous choquent vraiment. De prime abord, vous vous voyez peut-être comme l'opposé, toujours prêt à dire la vérité. Or il peut se trouver en vous quelque chose d'hypocrite, même dans votre réaction face aux gens non sincères. Peut-être vous moquez-vous d'eux dans leur dos ou souriez-vous secrètement quand ils apparaissent.

Il existe un lien important entre les identités inconscientes et les sentiments inconscients. Il arrive que s'approprier une identité fantôme soulève des vagues d'émotions. Si vous vous ouvrez à une identité de duplicité, vous pourriez découvrir beaucoup de gêne et de culpabilité. Ce mécanisme peut jouer dans les deux sens. Par votre ouverture à des sentiments de gêne et de culpabilité longtemps refoulés, vous pourriez mettre au jour l'identité fallacieuse qui les abritait et les voilait. Afin de bien comprendre ce lien, il est utile de revoir certaines sections de la première invitation, soit « Les déclencheurs » (p. 37), « Les peurs principales » (p. 40) et « Les gens difficiles » (p. 48).

Si, après avoir revu ces passages, vous éprouvez toujours de la difficulté à reconnaître une identité fantôme en particulier, essayez cette expérience simple. Seul, ou en compagnie d'amis fiables, personnifiez le trait particulier que vous abhorrez. Ainsi, pendant un moment, soyez grossier, volubile ou faux de la manière la plus réaliste possible. Peu importe l'aspect en cause, donnez-vous complètement à ce rôle. Cela pourrait vous révéler des choses qui, autrement, vous échapperaient.

Rappelez-vous que le but de cette exploration ne concerne pas le bien ou le mal, non plus que les réactions que vous devriez avoir face à votre entourage. Il s'agit plutôt de vous découvrir et de vous accepter à un degré qui dépasse le bien-être et les conventions. Lorsque vous pouvez vous aimer aussi férocement, aussi inconditionnellement, il est impossible de ne pas aimer toutes les choses et toutes les personnes de la même manière. Le rêve de votre vie devient vraiment lumineux et le monde entier est attiré par votre éclat.

Portrait : juger le juge

Brenda est une ingénieur à l'esprit aiguisé. La croissance personnelle et la spiritualité l'intéressent uniquement si cela a du sens et fait appel à la logique. En explorant ses identités fantômes dans le cadre d'un atelier, elle déclara soudain forfait et, frustrée, révéla le fond de sa pensée.

« Vous savez, je saisis tout à propos du rêve : il s'agit de devenir plus créative et plus épanouie. Mais durant toute ma vie j'ai entendu parler de cette idée d'identité fantôme, j'ai entendu parler de cette idée que tout ce qu'on n'aime pas chez les autres est un reflet de soi. Je dois dire que cela ne s'applique tout simplement pas à moi. »

J'ai demandé à Brenda si elle était prête à en discuter devant tout le monde et elle a accepté. C'est cette discussion qui est ici reproduite, sans ajout ni commentaire.

« Bon, commençons. Parle-moi de quelqu'un qui te dérange vraiment.

– D'accord. Il y a ce commentateur à la télévision. Il est terriblement méchant, dominateur et, par-dessus tout, il porte des jugements. Je ne peux le supporter.

– T'arrive-t-il de porter des jugements ?

– Non, pas vraiment.

[Sa sœur intervient : "Allez, tu le fais parfois."]

– Ouais, c'est vrai, mais j'essaie très fort de ne pas le faire, tout est là. Ce n'est pas que j'en suis inconsciente.

– Est-ce que les gens qui se plaignent sans cesse te dérangent autant ? ou les gens avides ?

– Non.

– Alors pourquoi dis-tu que les personnes qui jugent les autres t'agacent ?

– Bien… je trouve que c'est ignoble.

– Tu as donc un jugement sur cela.

[Le groupe rit.]

– Vous m'avez eue, là. Je n'en étais pas consciente.

– Et si tu juges le juge des autres, tu juges probablement le juge du juge en toi. Peut-être pas beaucoup, juste un peu. Mais au moins un peu. Chaque fois que tu le fais, cela risque de te fermer.

– C'est vrai. Je peux le voir. Alors, que dois-je faire?

– Accueille le juge. Approprie-le-toi.

– D'accord.

– Vas-y, essaie. Dis: "Je possède une identité qui juge. Je l'aime."

– C'est difficile. Je ne crois pas que j'aime cela.

– En es-tu certaine? Peux-tu l'aimer sans prendre plaisir à juger et sans la nier?

– Bien… oui, parce que cela fait partie de ce qui est.

– Parfait. Selon cette perspective, pourquoi crois-tu qu'il t'arrive de juger?

– Hum. Je juge les gens quand ils ne me respectent pas ou ne m'estiment pas, moi ou les autres.

– Et comment te sens-tu quand on ne te respecte pas et qu'on ne t'estime pas?

– Cela fait mal.

– Alors il t'arrive de juger quand tu te sens blessée. Est-il possible qu'il en aille de même pour le commentateur? Est-il possible qu'il juge beaucoup plus que toi parce qu'il se sent beaucoup plus blessé?

– Peut-être… j'imagine. Mais il est aussi possible qu'il soit méchant de nature.

– Bien sûr. On ne peut jamais vraiment savoir. Mais les deux sont possibles, n'est-ce pas? Alors, en gardant cela à l'esprit et sans avoir à trouver sympathique ni à approuver le commentateur le moins du monde, peux-tu l'aimer comme tu t'aimes toi-même?

– Hum. Je saisis maintenant. Je crois que je le peux.»

Vivre lucidement

La clarté et la résolution : voilà ce qui vous permet de réaliser ce que vous recherchez vraiment.

Dans quelle mesure êtes-vous maître de votre vie ? Certains affirment que vous créez votre réalité au complet. D'autres rétorquent qu'à peu près tout est prédéterminé. D'autres encore soutiennent que votre vie est déjà parfaite et que vous pouvez faire l'expérience de cette perfection simplement en changeant de perspective.

Pour la plupart d'entre nous, le côté pratique de la vie a plus d'importance que la philosophie. Nous aimerions simplement diriger notre vie le plus possible et sommes sans cesse en quête de nouvelles techniques. L'une des meilleures techniques, souvent négligée, est le rêve conscient.

Un rêve conscient est un rêve qui se déroule tandis que vous êtes conscient de rêver. Cette conscience vous permet d'orienter le rêve, ce qui, selon plusieurs, est susceptible d'influencer également votre vie dans l'état de veille. Pour orienter votre rêve, il vous faut savoir où vous aimeriez qu'il aboutisse et ensuite choisir la meilleure voie possible pour y arriver. Supposons que vous êtes aux prises avec la peur et que vous rêvez être entouré d'assaillants. Avec un entraînement pour vous rendre conscient de vos rêves, vous pourriez être capable de vaincre vos assaillants l'un après l'autre. Grâce à l'expérience du courage et de la victoire dans le rêve, il vous serait plus facile de puiser en vous le courage nécessaire pour affronter les événements de la vie quotidienne.

Une fois que vous avez commencé à vivre comme si vous rêviez, vous n'avez plus besoin d'employer la technique du rêve conscient nocturne. Autrement dit, vous pouvez rêver consciemment à l'état de veille. Vous devez commencer par clarifier vos intentions. Cela peut s'avérer plus difficile qu'il n'y paraît, car vos nombreuses identités entrent souvent en conflit. Si vous fixez vos intentions sans consensus suffisant entre vos identités, certaines de celles-ci travailleront dans une direction et d'autres en sens contraire. S'il vous est déjà arrivé de prendre une résolution, au Nouvel An, et d'y renoncer une journée ou deux plus tard, vous savez de quoi il retourne.

Pour éviter cet échec, vous ne devez pas imposer vos intentions par un coup de force. Vous devez plutôt avoir recours à un comité. Vos identités n'ont pas à être toutes enchantées par une direction particulière, mais chacune doit avoir voix au chapitre. Par exemple, l'une de vos identités disciplinées peut désirer un régime alimentaire strict, mais, pour amadouer une identité réticente, elle peut devoir autoriser une journée libre par semaine.

Une fois que vous avez recensé toutes vos identités et convenu d'une intention précise, il vous faut ensuite donner de la puissance à celle-ci. Cela ne requiert ni méthode magique ou compliquée ni secret d'aucune nature. Tout ce qu'il faut, c'est un peu de lucidité et de conviction pour agir de manière conséquente. Avec chaque action conséquente, votre intention prend de la vigueur. Inversement, avec chaque action contraire, votre intention perd de la vigueur. On réalise la plupart des intentions, même les plus élevées, à travers d'innombrables petits choix.

Commencez dès maintenant à prendre la mesure de la puissance de l'intention. Concentrez-vous sur une intention importante, comme *trouver un meilleur travail, faire de l'exercice régulièrement, vous racheter auprès de vos parents* ou *trouver une relation plus saine.* Écrivez toutes les raisons pour lesquelles c'est important, pour autant que vous sachiez. Écrivez ensuite tous les arguments contre cette intention, en permettant à chaque identité opposée de faire sentir sa présence. Voyez si vous pouvez négocier et trouver un compromis satisfaisant pour toutes les parties.

Cela fait, lancez-vous. Trouvez une action qui va dans le sens de votre intention et que vous pouvez accomplir dans l'heure qui suit.

Par exemple, si vous désirez trouver une relation saine, une première étape pourrait consister à définir en vous-même la nature d'une telle relation. Cette simple démarche initiale apporterait à votre intention une énergie essentielle. Aussitôt votre première action accomplie, choisissez trois actions à faire le lendemain. Dans notre exemple, ce pourrait être des démarches de base comme déterminer l'endroit où vous auriez de bonnes chances de trouver le partenaire souhaité, préciser ce qui vous aiderait à vous préparer à cette expérience et inscrire des rendez-vous dans votre agenda pour aller de l'avant sur ces deux plans. Avant de continuer, arrêtez-vous pour sentir la puissance que la moindre petite action pourrait conférer à votre intention. Déterminez ensuite dix autres actions que vous pourriez accomplir durant la prochaine semaine.

Continuez à construire ainsi, une action à la fois, un choix à la fois, et vous serez étonné du résultat. Les choses vont souvent vous sembler tomber en place d'elles-mêmes. Les gens, les événements et les circonstances sembleront mystérieusement vous venir en aide. Votre intention sera riche de possibilités et, par votre rêve éveillé, vous referez la réalité avec une force irrésistible.

Mais, malgré tous vos progrès, il vous arrivera probablement d'être distrait. Il se peut que vous sabotiez le processus. Vous pourriez minimiser vos accomplissements. Vous pourriez devenir impatient et sauter sur un expédient. Vous pourriez vous décourager et vouloir abandonner. Ou encore, même si elles étaient toutes d'accord, certaines de vos identités pourraient sortir du rang et se rebeller.

Heureusement, la voie vers la relance de l'intention est pavée des cinq premières invitations. Quand vous vous ouvrez à toutes vos émotions, vous n'agissez plus sous la contrainte. Quand vous remettez en question vos croyances et vos opinions, vous n'êtes plus bridé par les pensées rigides. Quand vous cessez de résister à la réalité, vous êtes libre de la réinventer. Quand vous accueillez le spectre de la mort, votre force vitale ne peut que jaillir. Finalement, quand vous tenez compte de la sagesse de votre inconscient, vos nombreuses identités se fondent en une seule.

Plus vous maîtrisez la puissance de l'intention, plus votre rêve éveillé devient cohérent. Vous savez exactement qui vous êtes et où vous allez. Cette harmonie intérieure, lorsqu'elle est liée aux sept invitations, vous protège des résistances de toutes sortes. Cela vous garde dynamique, assuré et réceptif. Vous ressentez plus d'amour que jamais auparavant, et, avec cette profondeur de ressenti, vient une égale profondeur de compréhension. Vous saisissez le pouvoir qu'a l'amour d'opérer des miracles dans les vies les plus sombres et à l'occasion des crises les plus graves.

Cette constatation vous amène à accueillir une nouvelle intention primordiale : vous offrir comme instrument de l'amour. Dans cette perspective, la moindre intention soit se fortifie, soit s'évanouit. Quand vous commencez à servir l'amour, vous servez inévitablement les autres. Si servir les autres pouvait autrefois être un devoir, c'est dorénavant un grand privilège. Toucher les cœurs autour de vous et vous unir à eux constitue le véritable désir de votre cœur.

L'ACCEPTATION DE LA CINQUIÈME INVITATION

Au mieux de mes capacités actuelles en évolution, je suis résolu à :

- réinventer par le rêve chaque moment ordinaire ;
- faire la paix avec mes comportements affligeants ;
- élargir ma perception du passé ;
- me voir dans les autres ;
- me réjouir de mes diverses identités ;
- me réapproprier tous mes fantômes ;
- maîtriser la puissance de l'intention.

La sixième invitation
Aimer comme si vous dansiez

Danse lorsque tu es grand ouvert.
Danse lorsque ton bandage s'est déchiré.
Danse au milieu du combat.
Danse dans tes veines.
Danse lorsque tu es complètement libre.

Rumi

Dans la sixième invitation, l'amour vous convie
à faire de toutes vos relations une danse de découverte
de vous-même. Quand les partenaires dansent à l'unisson,
à chaque pas et à chaque faux pas, chacun révèle l'autre.

L'embrasement de votre cœur change tout. Au lieu de vous accrocher à votre petite vie, vous dansez avec la vie. Réceptif, plein d'énergie, vous vous voyez glisser sans effort le long du courant toujours éblouissant de l'existence. La vie et l'amour se confondent, ce qui balaye au loin toutes vos exigences de bonheur et les remplace par l'expérience de l'amour. Les problèmes et les défis abondent encore, mais eux aussi prennent un reflet enivrant.

Cette transformation porte au partage, à travers des relations personnelles également transformées. Le chemin pour y arriver constitue le sujet de la sixième invitation. Il est question d'un nouveau genre de relations fondées sur la complète ouverture. Celle-ci ne se limite pas à la clarté et à l'honnêteté dans la communication. L'ouverture que nous allons explorer dans les relations est la même que nous avons explorée depuis le début.

Lorsque vous êtes disponible pour le moment présent et pour l'amour qui s'y engouffre, vous pouvez vous unir à une autre personne à un degré autrement impossible. Au lieu de nouer des liens autour d'intérêts communs, de comportements inconscients ou de besoins mutuels, vous développez des relations fondées sur la célébration de la perfection commune. De telles associations sont souvent tournées vers la promotion de l'amour non seulement entre les deux partenaires, mais partout à la ronde.

Étant donné que la plupart des gens reconnaissent la possibilité d'un tel partage surtout dans les relations sentimentales, nous nous concentrerons sur celles-ci. Mais gardez à l'esprit que la plus grande partie de l'exploration que vous allez faire ici peut s'appliquer à d'autres types de relations.

La plupart d'entre nous avons appris l'amour dans les relations et c'est là que nous en avons acquis la compréhension. C'est également là que nous le recherchons en premier lieu. Notre recherche porte la marque des conditionnements et des conventions sociales de notre passé. Nous courons après l'amour que nous connaissons, même si celui-ci est déformé par le malheur ou les blessures. Si nous désirons croître, nous choisissons alors des relations plus saines et tâchons d'en être dignes. Cependant, nous nous arrêtons rarement pour revoir notre conception de ce qui engendre l'amour en premier lieu.

Comme la première invitation l'a clairement établi, l'amour est accessible en tout temps et en n'importe quelle situation. Il est le pont entre le cœur de l'existence et votre propre cœur. Il vous demande d'abord d'être en contact avec vous-même, puis avec le monde autour de vous.

Vous pensez peut-être maintenant que l'application de ces principes aux relations est naturelle et facile. Après un certain temps, il en est bien ainsi, mais il faut d'abord, par un travail pénible, remplacer les vieilles habitudes par de nouvelles et repenser toute croyance romantique limitative. Bien qu'il puisse vous sembler que vous avez deux pieds gauches pendant un certain temps, tout le monde peut exceller à cette danse.

La danse, ancienne ou moderne, codifiée ou libre, exprime un rapport. Elle fusionne le corps, l'âme et l'esprit en un seul mouvement, en un seul moment. À son meilleur, la danse peut être libératrice, extatique. Tout s'évanouit sauf l'instant présent. Aimer comme si vous dansiez avec un partenaire intime exige le même degré de présence.

Dans la danse de l'amour, il y a en fait quatre partenaires : vous, le moment présent tel que vous en faites l'expérience, votre partenaire et le moment présent tel qu'il en fait l'expérience. Votre danse avec le présent vous appartient et il en va de même pour votre partenaire. Si vous glissez tous les deux sans effort sur le présent, si vous êtes réceptifs à vous-mêmes et à l'amour, alors vous pouvez suivre vos mouvements mutuels avec grâce. Si l'un d'entre vous ou vous deux êtes fermés, déconnectés de vous-mêmes et de l'amour, alors la danse entre vous s'en ressent sur-le-champ.

La compréhension de la nature de ce quatuor est essentielle. Lorsque vous n'êtes pas réceptif à vous-même, vous ne pouvez tout simplement pas l'être à votre partenaire. Dans les mêmes circonstances, votre partenaire non plus n'est pas réceptif. Mais nous oublions habituellement cela. Nous imputons la plus grande partie de nos fermetures à l'autre. Nous nous enlisons dans les prises en charge et les dénis de responsabilité, ce qui ne fait qu'engendrer plus de fermetures.

En gardant à l'esprit l'idée des quatre partenaires, nous mettons fin à tout cela. C'est comme s'alléger d'un poids d'une tonne. Chaque fois que nous marchons sur les pieds de l'autre, nous reculons, prenons une bonne respiration et entrons de nouveau en contact avec nous-mêmes. C'est seulement lorsque nous sommes redevenus pleinement présents que nous rejoignons l'autre. Ou encore, nous reconnaissons et dévoilons notre propre résistance, nous l'offrons à l'autre et recherchons son aide. Dans ce rôle de facilitateur l'un pour l'autre, vous incarnez, chacun, la danse de l'amour dans ce qu'elle a de plus sublime.

Cette approche s'applique à tous les stades d'une relation. Pour mieux comprendre, commençons par le commencement. Une relation débute habituellement lorsque deux personnes s'éprennent l'une de l'autre et sont transportées d'excitation. Dans cet état d'exaltation, elles se sentent plus grandes, meilleures, plus heureuses. Elles n'ont habituellement aucun désir de réfléchir sur cet état, qui tient plus de l'illusion que de l'amour durable. Par la suite, la passion perdant de son intensité, elles sont assaillies par de nombreux doutes. Ceux-ci tournent tous autour d'une question: *Pouvons-nous vraiment nous offrir l'un à l'autre ce que nous voulons et ce dont nous avons besoin?* Agiter ce genre de question engendre souvent un stress extrême, qui peut ruiner une relation dès le départ.

Or à mesure que vous apprenez à satisfaire votre désir profond, vous n'attendez plus des autres qu'ils le fassent. Vous ne tentez plus de satisfaire celui de l'autre, car ce n'est clairement pas votre tâche. Libéré de ces attentes irréalistes, vous êtes alors en mesure d'évaluer différemment une nouvelle relation. Votre attention peut se déplacer du futur au présent. Au lieu de laisser l'euphorie, la fermeture ou le doute vous submerger, vous vous donnez tout entier à la danse.

Les cinq premières invitations règlent les pas de cette danse. Mises en pratique dans la tranquillité et avec délicatesse, elles peuvent guider un couple à chaque tournant de sa relation. Elles assurent une évolution optimale, tant pour le couple que pour les deux individus qui le forment. Afin d'en illustrer l'application, revenons à notre exemple de votre nouvelle relation, et cette fois-ci laissons la vérité briller.

Supposons que la relation se soit développée et que vous deviez décider si vous vous engagez ou non. La décision est difficile à prendre et, tout en étant tenté d'accepter, vous hésitez. Vous vous demandez si cette hésitation est liée à l'autre ou à votre histoire personnelle. Découvrir ce qu'il en est impliquerait ici de passer par une période de frustration. Cela voudrait dire remettre la décision à plus tard et laisser les cinq premières invitations faire leur œuvre. Cela signifierait la lenteur et la minutie. Vous devriez suivre les instructions données ci-après comme une valse.

Inspiré par la première invitation, « Tout ressentir », réfléchissez sur votre envie de vous engager. Permettez-vous de la ressentir pleinement. Soyez attentif à sa profondeur, à son envergure et à ses nuances. Laissez-la bouger en vous, telle qu'elle est, simple, sans tenter de la comprendre, de l'évaluer ni de la changer. Ensuite, procédez de même avec votre hésitation.

Inspiré par la deuxième invitation, « Tout remettre en question », examinez vos croyances concernant ce partenaire potentiel, l'état actuel de votre relation et la manière dont elle évoluera dans le temps. Examinez vos croyances sur les bienfaits possibles de cette relation et sur ce qu'elle peut exiger de vous comme renoncement. Explorez vos croyances sur les relations en général et sur les types de relations qui vous conviennent davantage. À chaque étape, recherchez le fondement de vos croyances et, surtout, toute hypothèse hasardeuse ou hâtive. Chaque fois que vous découvrez une hypothèse qui ne tient pas la route, efforcez-vous d'aller au-delà.

Inspiré par la troisième invitation, « Ne résister à rien », dressez la liste de tous les défauts possibles chez votre partenaire potentiel. Sans rien filtrer et sans rien atténuer, incluez tous les traits de caractère que vous aimeriez changer, corriger ou améliorer. Ensuite, en les considérant l'un après l'autre, abandonnez-vous à toute la résistance qu'ils suscitent. Notez les endroits où la charge émotionnelle est faible, modérée et forte. Là où votre réaction est forte, une exploration plus poussée s'impose. Une telle exploration est essentielle pour déterminer la cause de votre réaction : découle-t-elle d'incompatibilités fondamentales entre votre partenaire potentiel et vous ou est-elle plutôt liée à votre capacité d'acceptation ?

Inspiré par la quatrième invitation, « Vivre comme si vous mouriez », concentrez-vous sur vos peurs. Laissez refluer toutes vos peurs relatives à cette relation, en donnant à chacune d'elles le temps de se déployer pleinement. L'expérience de ces peurs vous ramènera encore et toujours à la peur de la mort. Chaque fois, votre courage s'accroîtra et votre peur s'affaiblira. Bien sûr, rien n'est tout à fait ainsi. L'expérience se révèle souvent douloureuse et déstabilisante. Mais il en résultera une plus grande confiance dans vos décisions, car vous saurez qu'elles ne vous sont pas dictées par la peur.

Inspiré par la cinquième invitation, « Vivre comme si vous rêviez », vérifiez si vos hésitations à vous engager comportent un appel de votre inconscient pour que vous vous occupiez de lui. En va-t-il ainsi pour la plupart de vos relations ? Y a-t-il là un comportement autodestructeur? Si c'est le cas, ouvrez-vous à tous les sentiments associés. Accompagnez ces sentiments à leur source, jusqu'à l'événement qui vous a fait vous fermer en premier. Prenez conscience de tout sentiment additionnel emprisonné à cet endroit. Cela peut ouvrir une boîte de Pandore et nécessiter plus de temps que vous ne vouliez en consacrer. Mais arrêter avant d'atteindre votre but vous maintiendrait prisonnier du passé.

Quand vous vous sentez libéré du passé, continuez à vous inspirer de la cinquième invitation et revoyez la liste des défauts de votre partenaire potentiel. Cette fois, intéressez-vous à la manière dont ils résonnent en vous. Ne vous détachez d'aucun élément de votre liste tant que vous n'avez pas fait toute la lumière sur le fantôme qu'il met en relief en vous. Établir cette correspondance univoque peut ressembler à un jeu au début, mais rien n'est plus important. Avant de bien voir l'autre, il faut se voir clairement. Quand vous le faites, bon nombre des défauts à première vue insupportables de votre partenaire perdent de leur importance.

Finalement, sous l'inspiration de la cinquième invitation, considérez le point de vue de toutes vos identités sur la décision à prendre. De la plus dominante à la plus effacée, laissez vos identités s'exprimer jusqu'au bout. Cela fait, vous avez terminé.

Cette exploration vous semble-t-elle pénible? Vous semble-t-elle tenir plus de la marche à pas lourds que de la danse? Cette impression peut venir du fait que le processus a été ici divisé en séquences, alors qu'en pratique tout est beaucoup plus fluide. De plus, la décision de s'engager marque un tournant décisif. Par contraste, l'intimité soutenue s'enracine dans d'innombrables petits moments. Ces expériences quotidiennes requièrent plus de tact, plus de délicatesse. Après tout, les relations ne sont-elles pas déjà assez intenses? Il n'y a jamais de raison pour accroître cette intensité.

Pourtant, d'une manière centrale, la sixième invitation l'exige. Elle demande que vous abandonniez la routine dans tous les aspects de vos relations. Afin de maintenir l'enchantement, on ne doit jamais sentir que la danse de l'amour se répète; elle ne doit pas devenir prévisible. Tout engagement doit être continuellement renouvelé. Quand chaque jour porte la possibilité de demeurer ou de partir, rien n'est jamais machinal, automatique. Demeurer devient aussi excitant que votre premier rendez-vous. Vous pouvez aussi partir, quand c'est la meilleure solution, dans l'amour.

Tant qu'elle dure, la relation elle-même constitue une invitation, un moyen pour devenir tout ce que vous êtes. C'est aussi une occasion d'aller au-delà de vous-même et de favoriser l'épanouissement de la personne aimée de la même manière que vous favorisez le vôtre. L'amour véritable, dans toute relation, consiste à placer l'épanouissement ultime de l'autre au-dessus des besoins passagers qui vous assaillent. Bien qu'il ne vous incombe pas d'assurer cet épanouissement, vous êtes certainement le mieux placé pour le favoriser. De plus, il n'y a pas d'acte désintéressé. En offrant votre attention et votre soutien, et en visualisant l'épanouissement de votre partenaire, vous bénéficiez de la floraison qui s'ensuit.

La lumière sur la sixième invitation

L'amour fait d'une personne deux
et de deux une seule.

Isaac Abrabanel

Voulez-vous danser ?

Il faut évaluer une nouvelle relation au moment propice.

Par définition, tout ce qui est nouveau est inconnu et sans forme. Cela n'a pas eu le temps de croître, de s'éclairer, de révéler toute sa subtilité, sa splendeur, son ombre et ses surprises. La danse des relations ressemble beaucoup à cela. Au tout début, les partenaires sont souvent maladroits. Ils n'ont pas appris à bouger ensemble, à demeurer en contact avec eux-mêmes, avec le présent et l'un avec l'autre. Mis à part leurs rêves, ils ne peuvent pas encore être sûrs d'eux-mêmes en tant que couple. C'est pourquoi, au début, le plus important est la patience.

La patience dans une nouvelle relation veut dire demeurer présent au moment, le laisser respirer, sans écraser le présent sous une vague de « mais si ? ». Au moment où la relation paraît en difficulté et confuse, quand la patience semble manquer, c'est là que celle-ci est le plus importante.

Un des aspects essentiels de la patience est la conviction que tout se révèle en son temps. En d'autres mots, ce que vous ne savez pas à propos de votre partenaire ou de votre relation n'est habituellement pas connu à ce moment-là. Exercer une pression pour clarifier les choses prématurément peut mettre un terme à une relation avant même qu'elle commence vraiment. Cela peut aussi vous empêcher de voir et de savourer ce qui *est* présent.

Pourquoi tant insister sur l'évolution spontanée ? Parce que la résistance à cette évolution est très courante et cause beaucoup de souffrances inutiles. Cette résistance peut survenir en tout temps, que vous soyez optimiste ou inquiet à propos de votre relation. Si vous êtes optimiste, vous craindrez souvent que votre partenaire ne le soit pas. Cette crainte engendre une tendance à vérifier, à harceler. Même avec du doigté, tout cela peut menacer l'entreprise. Si vous êtes inquiet au sujet de la relation, vous aurez souvent peur de perdre le contrôle. Cette peur engendre une tendance au retrait et à la fermeture. Tant que vous n'êtes pas complètement présent, il n'existe pas de véritable relation à évaluer.

Faire preuve de patience quand vous êtes optimiste, inquiet ou les deux représente un défi. Vous pourriez demander: *Combien de temps veut dire assez longtemps?* C'est votre corps qui connaît la réponse; c'est dans votre corps que les pas de la nouvelle danse doivent s'apprendre. C'est là que vous pouvez vraiment sentir si vous et votre partenaire allez bien ensemble. Une fois réunies l'information et l'expérience suffisantes, ce ressenti résonnera clairement.

Si vous ne le ressentez pas encore, laissez votre corps vous communiquer ce qu'il sait. Cela peut vous aider à trouver la source la plus profonde de votre incertitude et court-circuiter le schéma répétitif de vos pensées de résistance. On arrive rarement à dénouer des pensées du genre «peut-être qu'il n'est pas émotionnellement disponible» ou «je ne suis pas certain qu'elle me comprenne vraiment». Mais, lorsque vous interrogez votre corps, vous obtenez toujours un rapide «oui», «non» ou «pas sûr». Peut-être n'acceptez-vous pas la réponse; alors cela ne fait qu'indiquer une résistance qu'il vous appartient d'examiner.

Vous pourriez également demander: *Essayer de demeurer patient alors que monte l'anxiété, n'est-ce pas de la fermeture?* Dans ce cas-ci, la réponse est oui et non. Si vous vous efforcez d'avoir l'air patient alors que vous ressentez le contraire, il s'agit assurément là du genre de fermeture qui ne peut qu'envenimer les choses. D'un autre côté, l'anxiété ne constitue pas vraiment un ressenti. L'anxiété est *la peur de ressentir*. Revenir à votre corps vous permet donc de retrouver cette peur et de vous y ouvrir.

Une fois la peur installée, vous pouvez sentir ce contre quoi vous vous étiez prémuni. Ce pourrait être le rejet, par exemple.

Accepter la possibilité d'un rejet, toujours présente dans toute relation, vous apporte deux bienfaits immédiats. Premièrement, cela élimine la cause de votre peur initiale et de votre anxiété. Deuxièmement, cela procure un calme dans lequel peut se développer la patience.

Dans les situations réelles de vie, ce déplacement de l'anxiété vers la patience est rarement l'affaire d'un seul instant. Pendant un certain temps, l'anxiété peut continuer à se manifester. Sa source peut demeurer la même ou changer. Vous fier seulement à votre corps peut conduire à l'acceptation, mais il vous faudra peut-être aussi utiliser le réalignement et l'exploration. Même dans ce cas, il faudra peut-être toute une série d'ouvertures pour que le calme demeure. Cependant, à chaque ouverture, vous deviendrez un peu plus patient et retrouverez un peu plus le chemin de l'amour.

Si vous n'en êtes pas au début d'une relation romantique, il existe fort probablement d'autres nouvelles relations à explorer dans cette optique. Vous vous demandez peut-être : *Devrions-nous nous lancer en affaires ensemble ? Devrions-nous être des colocataires* ? La patience et la vérité émotionnelle du corps peuvent se révéler précieuses dans de telles situations. C'est cela qui vous maintient en contact et lucide, peu importe ce que vous ne pouvez savoir tout de suite.

Variations sur un thème

Les situations récurrentes sont des occasions de guérison.

Supposons que vous assistiez à une soirée et que vous soyez entouré de douzaines de personnes séduisantes. Au milieu de cette foule, quelqu'un attire votre regard. C'est le coup de foudre. Au cours de la conversation qui suit, il vous semble que le destin vous a finalement envoyé le partenaire rêvé.

Une authentique histoire d'amour débute. Elle est remplie d'intensité, mais aussi de calme. Puis, morceau par morceau, la vérité émerge. Votre partenaire souffre sérieusement d'immaturité, il n'a pas vraiment grandi et recherche en fait un parent autant qu'un partenaire amoureux. Vous êtes bouleversé, car vos relations passées ont comporté beaucoup trop de situations semblables et vous vous étiez juré de ne plus jamais commettre la même erreur. Vous avez l'impression d'être victime d'une terrible machination surnaturelle. Vous voulez vous enfuir, vous cacher, renoncer à l'amour une fois pour toutes.

Or il n'y a aucune machination surnaturelle. Il n'y a pas de crise, d'avertissement ni de rechute, même si le bon sens semble indiquer cela. Ce n'est qu'un thème, une danse de dépendance — une *dépendanse* — dans laquelle le couple que vous formez est bien assorti. En fait, si vous rompez brutalement et recherchez un partenaire plus approprié, le même thème va probablement réapparaître sous un autre déguisement.

Toute relation comporte au moins un thème principal. Tous les partenaires exécutent les mêmes pas encore et toujours sur les mêmes airs déconcertants. Vous pouvez reconnaître un thème par la charge émotionnelle qu'il renferme, par le pouvoir qu'il a de vous entraîner dans la danse. Pour les deux partenaires, le thème recèle la clé d'une plus grande intégration. C'est comme si l'amour disait : « Regarde ! Ici ! C'est ici que tu as besoin de guérir. »

Dans l'exemple précédent, si l'un d'entre vous en avait terminé avec ce thème du rapport parent-enfant, il ne serait pas apparu. Si vous ne saisissez pas l'occasion de guérison et que vous vous épuisiez à essayer de faire évoluer la relation malgré tout, ce thème deviendra la cinquième roue du carrosse et vous suivra durant tout le voyage. Encore et toujours, vous allez trouver votre partenaire possessif, égoïste et épuisant. Encore et toujours, il trouvera que vous êtes une personne froide, distante et enquiquineuse. Plus vous vous débattrez pour corriger l'autre, plus l'amertume et le ressentiment régneront.

Si vous êtes attiré vers un grand enfant qui a sérieusement besoin d'être pris en charge, c'est qu'une partie de vous réclame la même chose. Cette relation vous donne la chance de vous familiariser avec l'enfant démuni en vous et de le sortir de la pénombre une fois pour toutes. Si votre partenaire est attiré par la sécurité qu'apporte une figure parentale, c'est que l'adulte intérieur a été banni ou est sous-développé. Cette relation fournit à votre partenaire l'occasion de réagir à toute manifestation de puérilité récurrente par un authentique mouvement vers l'autonomie.

Le thème parent-enfant, qui est en fait très courant, n'est qu'un thème parmi d'autres, dont le jeu se situe entre la solitude et la compagnie, entre l'intellect et l'émotion, entre le contrôle et l'abandon. Il semble y avoir là des oppositions parfaites, mais, dans des relations concrètes, personne ne se cantonne dans ces extrêmes. Il se peut que vous adoptiez le pôle parental dans certaines situations, mais que vous vous sentiez plutôt comme un enfant en d'autres occasions. Votre partenaire n'est peut-être pas aux prises avec une dynamique enfant-parent, mais plutôt avec une problématique liée à une différence d'âge du genre soixante-quarante ans.

Parce que nous sommes constitués de plusieurs identités, une relation peut contenir plusieurs thèmes principaux, qui peuvent se recouper ou se contredire. Vous préférez peut-être la solitude dans vos temps libres et vous vous heurtez à un partenaire qui aspire à un partage plus étroit. D'un autre côté, en matière de relations sexuelles, vous souhaitez peut-être un semblable partage, tandis que votre partenaire se sent plus distant.

Bien que les thèmes se manifestent habituellement sous forme de problèmes, il n'en est pas toujours ainsi. Peut-être êtes-vous de nature expansive et appréciez-vous la réserve de votre partenaire. Cet arrangement convient peut-être également à votre partenaire. Mais si un tel arrangement vous empêche, vous ou votre partenaire, d'être en contact avec la totalité de vous-même, alors ce thème mérite examen. Tout ce à quoi vous n'avez pas accès en vous-même, vous ne pouvez le partager avec votre partenaire. Il en résulte une restriction de l'amour.

Vous et votre partenaire êtes peut-être portés à vous faire plaisir mutuellement — c'est un autre thème courant — et à croire les arrangements parfaits. Mais combien d'identités sont exclues pour que vous puissiez vous consacrer à l'autre avec une telle diligence ? Combien de temps faudra-t-il avant qu'elles sortent de l'ombre et réclament leur dû ?

Si vous êtes actuellement engagé dans une relation sentimentale, prenez un moment pour en identifier les principaux thèmes. Si vous n'y arrivez pas simplement en examinant les charges émotionnelles, considérez les rôles que vous jouez l'un pour l'autre de même que la manière dont vous partagez les responsabilités quotidiennes. Demandez à votre partenaire de faire la même chose, mais ne vous communiquez pas vos listes tant que les deux ne sont pas complètes. Soyez prudents en dévoilant vos listes. La simple mention d'un thème, qu'il figure sur une seule liste ou sur les deux, peut provoquer une tempête. Il n'y a aucune raison d'être en désaccord sur la réalité d'un thème. Du moment qu'un des deux partenaires le ressent, ce thème est réel dans une certaine mesure.

Si vous n'êtes pas actuellement engagé dans une relation sentimentale, livrez-vous à la même exploration par rapport à un ancien partenaire ou passez en revue une relation non sentimentale importante. Toutes les relations comportent des thèmes et chaque thème constitue une occasion de s'ouvrir davantage.

Une fois un thème mis au jour, la prochaine étape consiste en effet à s'ouvrir. Réappropriez-vous tout aspect de vous-même que vous projetez inconsciemment sur une autre personne. Réexaminez tout rôle, même s'il vous semble bénéfique, dans lequel vous paraissez vous fermer. Accordez-vous beaucoup de temps, même des mois, et aidez-vous des cinq invitations précédentes. Cela veut dire : ressentir, questionner et accepter. Cela veut dire laisser la mort insuffler de la vie au processus et vous intégrer toujours plus par le rêve.

Pour explorer cette démarche plus en profondeur, revenons à notre exemple de la nouvelle relation que la dynamique parent-enfant met en péril. Étant donné que, dans cet exemple, vous vous identifiez de manière exagérée au parent, vous vous concentrerez sur les aspects infantiles de votre partenaire qui vous dérangent le plus. Peut-être, comme c'est souvent le cas, s'agit-il d'argent. Votre partenaire émet peut-être des chèques sans provision, ce qui entraîne la coupure de l'électricité ou du téléphone. Même si votre ami dit qu'il faut vous sauver — et peut-être le ferez-vous —, votre tâche première consiste à vous arrêter pour tout ressentir.

De prime abord, vous pourrez avoir l'impression que vous n'êtes que frustré et en colère, mais si vous demeurez en présence de ces sentiments, peut-être révéleront-ils une peur sous-jacente du désordre et de l'impuissance, une peur secrète de perdre tout contrôle. En vous ouvrant à ces peurs, en vous permettant ensuite d'être dans le désordre, impuissant et sans contrôle, vous verriez pendant combien de temps ces sentiments ont été refoulés. Si vous les avez portés inconsciemment durant des années, ils n'ont pas eu d'autre choix que d'attirer votre attention à travers un schéma de comportement troublant, décrit dans la section « La répétition » (p. 174). Le thème parent-enfant correspond peut-être tout simplement à un tel schéma.

Maintenant que vous ne refoulez plus ces états et que vous vous permettez de ressentir les émotions associées au désordre et à l'impuissance, vous ne serez plus le jouet d'une attirance envers les personnes qui les incarnent si bien. Si votre partenaire consentait à explorer la dynamique de son point de vue, vous pourriez partager vos observations et vous soutenir mutuellement. Vous pourriez vous intégrer davantage l'un à l'autre. De toute façon, une fois son rôle terminé, le schéma de comportement prend fin.

Quand vous n'arrivez pas à accepter des émotions pénibles, comme le sentiment d'impuissance, encore une fois le réalignement et l'exploration se révèlent des outils précieux. Le réalignement vous empêche de vous refermer en présence de nombreuses charges négatives. L'exploration vous aide à remettre en question toute croyance fondamentale qui pourrait alimenter ces charges.

Souvent, même lorsque le processus d'acceptation semble avancer assez bien, des peurs importantes surgissent et interrompent le processus. Le fait de laisser ces peurs prendre tout leur espace et d'accueillir votre mort imaginaire peut libérer des réserves de courage insoupçonnées. Il en va de même lorsque vous jouez le rôle de votre partenaire dans ce rêve. Imaginer la puérilité de votre partenaire dans toutes ses nuances et les ressentir comme si elles vous appartenaient pourraient constituer la dernière étape sur la voie de la réappropriation de tout ce que vous aviez nié. À l'encontre du personnage qui prend tout en charge, vous pourriez découvrir une identité fantôme étonnamment immature et dépendante. Même si vous en connaissiez déjà l'existence et si vous l'acceptiez intellectuellement, vous auriez maintenant l'occasion de l'exprimer et de l'extérioriser.

Parfois, lorsque les deux partenaires s'ouvrent avec autant de courage, un thème disparaît. D'autres fois, il continue à se manifester, mais sans les inconvénients antérieurs. Il n'y a pas de mal à demeurer le plus mature, pourvu que cela ne vous rende pas invulnérable. Il n'y a pas de mal à demeurer le plus puéril, pourvu que cela ne vous empêche pas d'être responsable. Soulignons un dernier point important. Même si votre partenaire ne démontre aucun intérêt au début et que vous êtes la seule personne du couple à vous ouvrir, la relation est appelée à se transformer. L'amour que vous dégagez peut vous rapprocher ou mettre en relief la manière dont vous avez dansé séparément.

Portrait : se détacher

« Tout ça représente tellement de travail ! Pas question ! L'amour va de pair avec la joie et la douceur ; il consiste à s'unir et à être mieux que si l'on était séparé. Voilà ce que *je* veux. Je ne veux pas seulement aimer comme si je dansais, mais plutôt danser parce que l'amour me rend tellement heureuse ! »

Après cet accès de colère de Kate, un silence inquiet remplit la salle. Qu'est-ce qui allait arriver ? Allait-elle partir ainsi ? Allait-il y avoir une engueulade ? Soudain, tout le monde éclata de rire, y compris Kate. Elle venait d'exprimer ce que nous ressentons tous de temps à autre, un sentiment qui s'était tapi sous la surface durant toute la durée de l'atelier. Maintenant qu'on l'avait exprimé, l'atmosphère était plus détendue. La véritable exploration pouvait commencer et Kate se porta volontaire.

Elle était mariée depuis sept ans et s'apprêtait à déposer une demande de divorce. Son mari, Paul, était profondément spirituel, mais il ne s'intéressait pas le moins du monde à ce qu'il appelait « les détails triviaux » de la vie quotidienne. Il pouvait exprimer ses émotions plus facilement que la plupart des hommes, mais il était rare de le voir faire le lit, sortir les ordures ou se rappeler de prendre les œufs. Kate devait donc accomplir toutes les tâches « désagréables », ce qui la remplissait de ressentiment. Elle se demandait, comme elle venait de le proclamer clairement en public, quand allait venir son tour de danser.

Interrogée sur le thème premier de leur relation, Kate dit : « accomplir par opposition à être ». Elle se languissait de faire moins et d'être plus, mais elle se sentait prise au piège, car elle ne désirait pas vivre dans une porcherie ni mourir de faim. L'aspect « être » de Kate était son identité fantôme. Elle en était douloureusement consciente, mais ne voyait pas comment se la réapproprier.

La première étape consistait à simplement sentir son identité existentielle. Quand l'avait-elle fait la dernière fois?

« Bien, dit-elle au groupe, probablement il y a quelques minutes, quand je me suis tue.

– Et comment était-ce?

– Après le relâchement de la tension, j'étais chaude et radieuse, comme si je dansais. Oh! Ça fait si longtemps que je n'ai pas dansé!

– Danserais-tu maintenant?

– Il n'y a pas de musique.

[Quelqu'un montra un lecteur de disques compacts.]

– Devant tout le monde? Jamais de la vie! »

Après une courte discussion, Kate accepta d'apporter le lecteur de disques compacts dans sa chambre et y dansa seule jusqu'au dîner. Elle fit rapport par la suite.

« Vous savez, dit-elle, j'ai dû plusieurs fois arrêter de danser, car je pleurais trop. Mais c'était des larmes de joie, comme si je rentrais finalement chez moi. Je pensais: "C'est moi! C'est moi! J'ai besoin de cela dans ma vie!" »

Réalisant que ce n'était pas là une proposition à prendre ou à laisser, Kate passa le reste de l'après-midi à mettre au point un plan. Il lui semblait juste de consacrer trois soirs par semaine à son être. Peut-être allait-elle s'adonner au yoga ou faire du gymnojazz. Elle ajourna toute décision concernant sa relation et se promit d'observer. Ce n'était pas pour son mariage qu'elle voulait faire la lumière sur la situation, mais pour elle-même.

Lors d'un suivi, deux mois plus tard, Kate se montra bouleversée. « Je ne le savais pas, lors de l'atelier, dit-elle, mais j'entretenais l'espoir secret que ma décision allait changer Paul. Je croyais que, comme il arrive dans les livres, le fait de m'occuper de moi l'inciterait à s'occuper de *lui-même*. Au lieu de cela, lorsque je rentre à la maison après mon yoga, je trouve celle-ci encore plus en désordre. Je sens être entrée en moi-même, dans ce que je suis vraiment, et maintenant je désire être ailleurs. »

En s'entendant, Kate éclata de rire. Être, venait-elle de constater, n'est pas un élément qu'on peut inscrire sur une liste de choses à faire. Il peut être merveilleux, voire essentiel, de s'étirer, de danser, de méditer, mais la véritable tâche consiste à conserver ce sentiment d'être tout en *accomplissant* les choses à faire.

Et si sortir les ordures ou faire les courses devenait une danse, comment se sentirait-elle ? Et si Paul ne collaborait *jamais*, comment se sentirait-elle? Désormais, Kate était devant une véritable aventure, elle avançait en territoire complètement inexploré.

« Je suis comme une enfant de quatrième année dans cette matière, rapporta-t-elle quelques semaines plus tard. Mais je fais de beaux progrès. Surtout, je vois que, lorsque j'aime ma vie comme une danse, je peux aussi aimer Paul comme une danse. Cela, il le remarque vraiment. Que nous demeurions ensemble ou non, je sens que les choses prennent leur juste place en *moi.* »

Arrêtez la musique

Les éléments perturbateurs d'une relation peuvent paralyser l'amour.

Vous ne pouvez donner ni recevoir de l'amour lorsque vous êtes fermé. C'est aussi simple que cela. Pourtant, les gens que vous aimez le plus sont aussi ceux qui vous exaspèrent le plus. Les gens qui vous aiment le plus sont ceux qui sont davantage vexés par vous. C'est l'une des principales raisons de confusion dans les relations.

Comme nous l'avons vu dans la première invitation, nos déclencheurs comprennent les gens, les événements et les situations qui nous font quotidiennement nous refermer. Nous avons chacun notre série particulière de déclencheurs. Nos corps ont aussi chacun leur manière individuelle de se refermer. Prenez un moment pour examiner la manière dont votre corps accuse une fermeture. Votre cœur bat-il plus vite ? Sentez-vous une pression au diaphragme ? Votre respiration se fait-elle plus courte ? Sentez-vous tout cela en même temps ? Lorsque quelque chose vous met hors de vous, la plupart du temps la fermeture qui s'ensuit se produit exactement de la même manière.

Cela arrive dans les relations lorsque vous n'obtenez pas ce que vous voulez. Votre partenaire dit ou fait quelque chose de contrariant, et ça y est, vous voilà parti. Plus la même situation se reproduit et plus cet élément déclencheur acquiert de puissance. Plus les émotions réveillées sont profondes et plus il vous est difficile de reconnaître vos fermetures et de vous ouvrir de nouveau. Si votre partenaire oublie souvent de faire les courses, comme dans le portrait de Kate, les premières bourdes ne réussissent même pas à vous fermer. Mais la centième bévue peut provoquer une réaction irrésistible.

Lorsque vous êtes hors de vous, votre mécanisme de lutte ou de fuite est activé. Plus question de danser : vous êtes prêt à grimper dans les rideaux. Tout ce qui retient votre attention, c'est la manière de faire disparaître la sensation. Vous devenez combatif, vous vous tenez sur la défensive, vous vous blâmez, ou tout cela surgit à la fois. Votre cœur a beau battre à tout rompre, il demeure fermé. Que vous parliez ou non, un tel état animal se transmet de façon non verbale, par l'énergie que vous dégagez. À part quelques exceptions, il se transmettra à votre partenaire. Plus vous exercez une pression l'un sur l'autre pour obtenir une réaction précise, moins vous avez de chances de l'obtenir. C'est comme une joute sans fin de souque à la corde dans laquelle personne ne réussit à s'imposer.

Tout cela revient à dire que c'est une erreur de discuter de tout sujet délicat ou important dans cet état. La situation ne peut alors que s'envenimer. Même lorsque vous demeurez tous les deux calmes en apparence, sous la surface le combat de force se poursuit. Même lorsque l'accumulation de tension aboutit à une catharsis, celle-ci peut coûter cher sur le plan de la sécurité et de la confiance, si dures à établir.

La solution évidente serait de reconnaître vos déclencheurs et d'interrompre net l'interaction. Mais cela exige un calme rare. L'état animal est alors si dominant qu'il vous empêche d'avoir des comportements plus nobles. La seule manière de devenir habile à reconnaître les déclencheurs est de s'y exercer sans relâche. Au début, vous pouvez mettre des heures à retrouver votre complète lucidité. Ce délai se réduit bientôt à quelques minutes et, finalement, à quelques instants. Peu importe le moment du déclenchement, dès que vous pouvez vous dire « je suis exaspéré », vous pouvez aussi le dire à votre partenaire. Vous pouvez rompre le cercle vicieux de la tension simplement en vous éloignant et en vous réunissant de nouveau.

Il est en fait utile de conclure une entente à cet effet. De cette manière, dès que l'un d'entre vous fait part à l'autre de son exaspération, la conversation cesse automatiquement. Lorsque c'est impossible, pour quelque raison que ce soit, vous savez alors tous les deux marcher sur la pointe des pieds. Puisque les déclencheurs font ressortir le pire en nous, cette approche peut être essentielle pour préserver toute relation. L'éloignement émotionnel temporaire et la sécurité qu'il procure vous permettent d'agir de manière aimante l'un envers l'autre, même lorsque l'un ou l'autre d'entre vous ressent le contraire. Il peut s'écouler du temps avant que vos cœurs se décontractent complètement, mais il n'existe pas de chemin plus rapide.

Il est aussi utile de connaître à l'avance les déclencheurs relatifs aux relations. Dressez la liste de tout ce qui, chez votre partenaire, vous fait vous refermer. Demandez-lui de faire de même. Trop propret ou trop négligé ? Trop bavard ou trop silencieux ? Comme les déclencheurs agissent de manière automatique et que vous n'en êtes pas responsable, rien n'est trop insignifiant pour cette liste. Il presse le tube de dentifrice par le milieu, il mastique bruyamment ? Si ces choses vous exaspèrent et provoquent en vous une fermeture, notez-les. Rappelez-vous que ce qui est en jeu ici, ce n'est pas la manière de faire face à ces situations ; il s'agit plutôt de savoir quand *ne pas* se laisser prendre par elles.

Établissez aussi une liste des sujets et des situations qui ont le don de mettre l'un d'entre vous à bout. L'argent, le sexe, la politique, la religion, la belle-famille et l'éducation des enfants sont les suspects habituels, mais chaque relation possède ses déclencheurs très particuliers. Le fait d'inscrire un sujet sur la liste ne veut bien sûr pas dire qu'il ne faut pas en parler. Mais, chaque fois que vous en parlez, demeurez à l'affût des déclencheurs. Avec un peu de pratique, vous parviendrez à voir venir un déclencheur avant qu'il soit trop tard et, du même coup, à éviter une fermeture complète.

Quand un déclencheur est inévitable, une pause de dix ou quinze minutes suffit pour que vous vous ouvriez et touchiez l'émotion en profondeur. Même si cela représente un défi, l'occasion demeure, que vous ayez un tempérament vif ou froid. Si vous voyez clair de bout en bout, alors les mots que vous choisirez et votre manière de les dire seront empreints de compassion autant qu'il se peut. En retour, il y aura moins de chances pour que votre partenaire s'offusque et il pourrait donc se sentir plus près de vous que jamais.

Il faut être deux pour danser

Cachés sous l'empressement à se battre,
beaucoup d'éléments restent à découvrir.

Bien des gens engagés sur la voie de l'amour considèrent le conflit comme l'opposé de l'amour. Ils l'évitent autant que possible, particulièrement dans les relations sentimentales. Mais un véritable conflit, au-delà des réactions instinctives aux déclencheurs, peut vraiment servir l'amour. Il s'agit d'une des meilleures voies pour accéder au thème d'une relation et guérir ce que ce thème révèle.

Un conflit surgit dans une relation lorsque vous n'obtenez pas ce que vous voulez, tout comme dans le cas des déclencheurs. La réaction naturelle consiste à se battre ou à agir sur la situation pour y arriver. Si votre partenaire émet un commentaire blessant, vous pourriez lui servir un plaidoyer en faveur d'une plus grande sensibilité. S'il s'absente trop souvent, vous pourriez lui trouver des choses à faire à la maison. Bien sûr, vous pourriez tout simplement faire une scène régulièrement et critiquer votre partenaire de manière inappropriée. Mais dans ces cas-là aussi les principes de base s'appliquent. Vous voulez quelque chose, vous ne l'obtenez pas, la paix est donc rompue.

Cependant, vous concentrer immédiatement sur ce que vous voulez vous fait manquer tout ce qu'une relation peut offrir. Cela exige de vous une fermeture à ce qui se passe à l'intérieur et met trop l'accent sur votre partenaire. Cela est rarement bon et encore plus rarement efficace. Même si votre partenaire est tolérant, s'il est désolé ou s'il promet de s'améliorer, le relâchement de la tension demeure temporaire autant que superficiel.

Une fois commencée la danse de la guerre, si vous désirez rétablir une paix durable, l'introspection est indispensable. Pour vous assurer que cette introspection soit directe, audacieuse et dépasse le simple exercice intellectuel, elle doit recourir à toutes les invitations. Cette démarche est essentielle, car on peut se perdre facilement dans toutes les idées à la mode sur les différences entre hommes et femmes ou sur le rôle de divers types de personnalité. De telles informations peuvent être utiles pour expliquer les émotions ou pour les gérer, mais elles ne vous aident pas à les *ressentir*.

Ce qui est le plus nécessaire, c'est ressentir. Vous avez probablement entendu parler de l'importance de dire « je » quand vous discutez de sujets difficiles. Il ne fait aucun doute que commencer une phrase par les mots « je sens » peut aider à créer un environnement ouvert et sûr. Or pour pouvoir vous exprimer ainsi, il vous faut d'abord sentir. Plus précisément, il faut que vous ayez senti assez longtemps pour distinguer entre une réaction émotionnelle passagère et des sentiments plus profonds liés au thème d'une relation.

Penchons-nous sur un scénario hypothétique : dans le contexte d'une relation, vous accueillez un conflit afin de permettre une guérison et de croître. Supposons que vous soupiez avec des amis. À la table, devant vous et tous les autres, votre partenaire commence à flirter avec un autre convive. Vous êtes d'abord en complet état de choc. Par orgueil, vous vous mordez les lèvres, mais vous commencez tout de suite à préparer votre tirade à venir : *Comment peux-tu oser flirter ainsi juste sous mon nez ! Tu es indélicat, égoïste et parfaitement vulgaire. Comment crois-tu que je me sens ? Comme de la boue, c'est comme cela que je me sens. As-tu quelque considération pour moi ? Je me demande pourquoi je pose la question, puisque la réponse est évidente.*

Toutefois, au lieu de vous défouler ainsi, vous constatez qu'on a sérieusement joué sur un de vos déclencheurs. Vous sentez votre corps et notez l'accélération de votre pouls de même que le rythme saccadé de votre respiration, deux signes de fermeture en vous. Lorsque vous devenez attentif à ces signes, ils commencent à s'atténuer. À leur place montent tous les sentiments que vous avez instinctivement tenté d'éviter: la rage, la jalousie, l'humiliation. Vous observez le silence et devenez également réceptif à ces sentiments. Même dans la voiture, alors que votre partenaire sent que quelque chose ne va pas et vous interroge, vous vous contentez de répondre: « Oui, il se passe quelque chose, mais je dois prendre encore un peu de temps seul à le ressentir. »

Le lendemain ou un peu plus tard, tandis que vous demeurez ouvert, la réaction émotionnelle initiale commence à faiblir. Vous vous sentez surtout seul et estimez que toute la tendresse et l'affection que vous apportez à la relation ne sont pas réciproques. Cela est lié à un thème de poursuite-retrait qui vous est déjà familier. Depuis des années, vous avez l'habitude de choisir des partenaires qui ne vous retournent pas votre amour. En ce qui concerne la relation actuelle, vous avez passé des mois à vous contenter d'un rapport de bien moindre qualité que ce que vous désirez tant. Maintenant, chaque fois que cette lacune est mise en évidence, vous vous sentez plus blessé.

La douleur vous ramène à des blessures anciennes, résultat de l'absence d'amour des parents. Vous savez que tant que vous ne laisserez pas ces blessures monter à la surface, vous continuerez à répéter les mêmes comportements. Finalement, après beaucoup de tergiversations, vous vous permettez de demeurer longtemps avec la douleur associée à ces blessures. Cela aussi fait mal, mais cela guérit.

Pour favoriser la guérison, vous donnez de l'expansion aux souvenirs qui se rattachent à ces blessures, en mettant en pratique la méthode décrite dans la section « Tout le portrait » (p. 178). Cette démarche implique non seulement de rechercher des informations additionnelles, mais aussi de vous mettre dans la peau du parent en cause. Rejouer l'événement selon son point de vue favorise la compassion et la guérison. La compassion est d'abord orientée vers ce parent, mais elle finit par s'élargir. Vous en arrivez à éprouver la même compassion pour vous-même. Bientôt, et quoique la guérison ne soit probablement pas complète, vous vous sentez assez calme et intégré pour discuter avec votre partenaire.

Cette fois-ci cependant, ce que vous exprimez est à des années-lumière de ce que vous auriez déclaré cette nuit-là. Vos propos pourraient ressembler à ceci : « Quand nous étions à ce souper, tu semblais flirter. Au début, j'étais très en colère, mais j'ai fini par comprendre ce qui me dérangeait tant. Pendant un certain temps, je me suis investi plus que toi dans notre relation. Ce n'est la faute de personne, mais ce n'est pas sain pour moi non plus. Je me demande s'il n'y aurait pas une voie plus équilibrée pour nous. »

Vous avez peut-être de sérieux doutes. Vous vous demandez peut-être si ce genre d'introspection est nécessaire. Peut-être que la relation n'est pas mauvaise et que votre partenaire a simplement besoin de faire preuve d'une plus grande sagesse. Ou peut-être est-ce vous qui avez besoin de plus de discernement, puisque vous avez exagéré la situation. Même si ces deux suppositions étaient vraies, ce que vous avez découvert sous la surface demeure néanmoins vrai aussi. C'est du thème qu'il est question. La guérison est réelle. La danse de la guerre est terminée, du moins en ce qui vous concerne. Vous pouvez maintenant vous remettre à danser avec le présent, tout en étant en contact avec vous-même et avec l'amour, que votre partenaire, en toute liberté, vous rejoigne ou non dans cette danse.

Une distance sécuritaire

Des limites claires favorisent les relations affectueuses.

Tentez l'expérience suivante. Demandez à un ami de se placer à l'autre bout de la pièce et de s'approcher de vous lentement. À chacun de ses pas, notez les réactions de votre corps. Tant que la distance entre vous deux vous semble confortable, laissez votre ami approcher. Dès qu'elle cesse d'être confortable et que votre corps se raidit, dites à votre ami d'arrêter. À ce moment, notez la distance et la manière dont votre corps vous a fait signe. Une fois cela clair, demandez à votre ami de reculer. Votre sentiment de sécurité rétabli, portez attention à la distance et la manière de le savoir.

Comme cette expérience le montre clairement, votre corps vous révèle votre espace personnel. Quand on empiète sur votre espace contre votre volonté, votre corps peut vous donner soudain l'impression d'être une armure. Si vous tentez d'amener quelqu'un plus près que vous ne pouvez le supporter, votre corps peut soudain vous donner l'impression d'être une camisole de force.

L'espace personnel n'est pas seulement physique, il est aussi émotionnel. On en rend généralement compte par le mot « limite ». Dans une relation, ces limites sont essentielles. Y être attentif vous permet de départager votre réalité intérieure et celle de l'autre. Cela signifie que vous pouvez aimer sans vous perdre. L'ignorance de ces limites vous rend, vous et votre partenaire, trop fusionnels. Peut-être donnez-vous suite aux besoins et aux exigences de votre partenaire même quand cela va à l'encontre de vos intérêts. Il se peut que vous ne vous respectiez pas, comme il en a été question dans la section « Est-ce à moi ou à eux ? » de la quatrième invitation (p. 149).

Lorsque deux danseurs demeurent étroitement enlacés, leurs mouvements peuvent être restreints. Être joue contre joue se révèle parfois fort agréable, mais gênant à la longue. En s'en tenant à l'idéal d'une relation « tricotée serrée », plusieurs couples limitent inutilement leur danse. Ils commettent l'erreur de supposer, sans le dire ou inconsciemment, que la fusion totale les guérira de toutes leurs blessures et réglera tous leurs problèmes. Leur ardeur à s'agripper l'un à l'autre, de même qu'à leur rêve impossible, leur fait perdre la capacité d'établir une distance sécuritaire lorsque c'est nécessaire.

De façon étonnante, la distance favorise une plus grande intimité. Dans l'espace que les partenaires se donnent, chacun se voit souvent bouger de manière indépendante, nouvelle et plus expressive. Cela est vrai quand il s'agit d'avoir des centres d'intérêt et des amis à soi, ainsi qu'on le reconnaît généralement, mais ce l'est aussi par rapport à la vie émotionnelle de chacun.

Rappelez-vous que la danse de l'amour fait appel à un quatuor. Chaque partenaire danse d'abord et avant tout avec le moment présent. Il peut être aussi satisfaisant d'être témoin de la danse d'un partenaire avec la vie et de la soutenir que de plonger dans la sienne. De plus, le fait de danser ensemble en maintenant volontairement une distance ouvre de nouvelles possibilités de liens. Lorsque les partenaires s'accordent l'espace pour respirer et s'accueillent ensuite dans leur originalité en expansion, leur union en sort d'autant grandie.

Vous n'avez pas besoin de développer la capacité de vous fixer des limites émotionnelles bien définies. Ainsi que l'exemple plus haut le montre, elles sont innées. Comme plusieurs personnes, toutefois peut-être devez-vous cesser d'ignorer les signaux de votre corps. Cela n'est pas toujours aisé et peut exiger une réorientation significative. Si vous vous êtes habitué à vivre constamment en état d'alarme à cause de l'empiètement sur vos limites, ce malaise se fond peut-être maintenant dans l'arrière-plan.

Refaites l'expérience de la limite, mais mentalement cette fois. Remplacez l'ami par votre partenaire actuel ou par le plus récent. Avant de commencer, évoquez l'un de vos plus précieux souvenirs communs, quand vous vous sentiez merveilleusement proches l'un de l'autre. Une fois que vous baignez dans ce souvenir, imaginez votre partenaire marchant vers vous. Laissez-le avancer, à moins que votre corps ne proteste ; fort probablement, il ne le fera pas. Votre partenaire aboutira finalement dans vos bras.

Répétez l'expérience, mais cette fois évoquez l'un de vos pires souvenirs communs, impliquant peut-être une blessure, la colère et l'amertume. Imaginez votre partenaire avançant vers vous jusqu'à ce que votre corps dise « stop ». À quelle distance cela se produit-il ? Sept mètres ? trois mètres ? deux mètres ? Il n'y a pas de réponse universellement juste, bien sûr, car chaque personne et chaque situation sont différentes. Mais tout élément déclenchant une fermeture et tout conflit repousseront presque à coup sûr vos limites plus loin.

Même la relation la plus intime, si elle est saine, comporte l'alternance entre l'union et la séparation. En conséquence, les limites varient constamment en fonction des circonstances. Elles subissent aussi l'influence du passé. Une personne ayant vécu des expériences de violation émotionnelle peut, dans une situation donnée, avoir besoin de plus d'espace qu'une autre dont les relations ont été fondamentalement sécuritaires. Ce besoin peut demeurer longtemps latent et faire surface sans avertissement. Par exemple, au cours d'un moment de plaisir sensoriel, quand aucun besoin de séparation ne se fait sentir, un commentaire innocent, un souvenir soudain ou le simple frôlement d'une main peuvent faire déferler un flot d'émotions douloureuses. La compréhension, voire la simple exploration, de ce phénomène peut exiger de l'espace et du temps.

Respecter vos limites avec un partenaire veut dire apprendre à les laisser s'exprimer clairement sans tomber dans la culpabilité ni ressentir de pression. Seule la peur peut vous empêcher de réussir. Vous connaissez maintenant les deux manières de faire face à la peur, mais voici un bref rappel. Comme nous l'avons vu dans la section «La circulation des émotions» (p. 34), vous pouvez localiser physiquement la peur et vous y ouvrir en la laissant librement monter et retomber. Vous pouvez aussi recourir à une méthode plus difficile, mais qui donne des résultats plus durables, soit celle qui a été présentée à la section «Au-delà de la peur» (p. 156): il s'agit d'envisager la peur sous l'angle de la résistance à la mort et d'avancer à partir de ce point. Une fois appliquée la méthode appropriée, l'étape finale consiste à vous accorder tout l'espace physique et émotionnel nécessaire.

Respecter les limites de votre partenaire veut dire lui accorder l'espace physique et émotionnel dont il a besoin. Cela signifie créer le genre d'environnement qui soutient et encourage l'affirmation de ces limites. En fait, vérifier régulièrement les limites rend possible un soutien mutuel véritable. Si vous ignorez à quel stade se calment vos émotions et à quel stade surgissent celles de votre partenaire, toute tentative de soutien croulera probablement dans la confusion. Vous attribuerez vos propres sentiments à votre partenaire ou vous vous approprierez les siens. Heureusement, lorsque la clarté règne dans ce domaine, vous pouvez éviter toute confusion.

Tout ce discours sur la nécessité de respecter les limites peut susciter en vous un sentiment d'impuissance. Vous pourriez demander: *Et si mes limites étaient éloignées au point de rendre impossible toute intimité? Et si c'était le cas de mon partenaire?* La bonne nouvelle, à propos des limites, est que plus on les respecte, plus elles s'assouplissent. Même dans les cas extrêmes, ce n'est qu'une question de temps et de bonne volonté pour que les limites contraignantes commencent à reculer. D'un autre côté, vos limites peuvent constituer des déclencheurs communs. Lorsque l'un d'entre vous a besoin d'espace, l'autre peut s'en offenser et réagir en s'isolant ou en attaquant. Dans ce cas, vos limites peuvent vous éloigner de plus en plus. C'est uniquement par le ressenti des déclencheurs et par la guérison de ce qu'ils révèlent que vous pouvez mettre un terme à ce cycle.

Dans quel domaine d'une relation êtes-vous le plus susceptible d'ignorer vos limites? Vous arrive-t-il de vous sentir trop envahi au travail, dans les loisirs, dans les relations sexuelles, dans les responsabilités familiales ou les activités quotidiennes? Dans quel domaine êtes-vous le plus susceptible d'ignorer ou de détester les limites de votre partenaire? Lorsque vous croyez savoir les réponses à ces questions, parlez-en avec votre partenaire et demandez-lui son avis.

Dans toute relation, l'amour authentique exige que vous connaissiez et respectiez vos limites. Toutefois, il ne vous demande pas d'y accorder une importance démesurée. Un trop grand zèle peut vous rendre fragile, inutilement défiant et moins disponible que jamais pour l'intimité. Voilà pourquoi il est sage de mettre souvent vos limites à l'épreuve.

Sans violence, prenez l'habitude de vous inciter doucement à une plus grande intimité. Cette expansion peut souvent s'avérer inconfortable. Au début, cela peut ressembler étrangement à une véritable violation de vos limites. Exercez-vous donc souvent à distinguer les deux. Si le malaise que vous ressentez diminue en quelques minutes, il s'agit d'une expansion. S'il demeure ou s'intensifie, vous allez trop loin.

La différence entre l'apprivoisement des limites et leur violation est souvent subtile; faites une pause et examinez les deux. Supposons que vous aimez cuisiner et que la cuisine a toujours été votre chasse gardée. Vous y créez un grand désordre et vous en jouissez. Le style plus tatillon et méthodique de votre partenaire n'y est donc pas bienvenu, sauf quand il s'agit de laver la vaisselle. Il vous est cependant apparu récemment qu'un tel arrangement créait plus de séparation que nécessaire. Vous en parlez à votre partenaire, en insistant sur les peurs que vous inspire l'idée de cuisiner ensemble. Ces peurs peuvent englober la peur de la critique ou du contrôle, ou simplement la crainte de devoir vous adapter au rythme de l'autre. Vous décidez de préparer un repas ensemble pour voir comment vous vous en tirez et vous vérifiez de temps en temps avec l'autre. Ce genre d'expérience, avec toute l'intimité et l'affection qu'elle met en jeu, constitue le summum en matière d'expansion des limites.

Supposons maintenant que l'expérience tourne mal. La présence de votre partenaire vous est virtuellement insupportable. Même si rien n'est dit ou fait, vous sentez son désir d'accomplir les choses différemment et de tout corriger derrière vous. Vous ne pouvez dire si cela est réel ou si c'est une projection, mais vous sentez aussi un jugement sur votre style tourbillon. Avant même que les ingrédients soient préparés, voilà que vous êtes prêt à hurler et à tout annuler.

Que faire ? Bien sûr, il existe de nombreuses solutions. Vous pourriez faire une pause et en discuter. Vous pourriez annuler la préparation du repas et commander quelque chose. Vous pourriez diviser la cuisine en deux parties et ainsi créer une petite zone de confort. Mais, tant que la tension monte sans aucun signe de relâchement, ce serait une erreur de poursuivre l'expérience. Au lieu d'assouplir vos limites, continuer pourrait avoir l'effet inverse et vous faire claquer comme une bande élastique trop étirée.

Bien au fait de la différence entre l'expansion des limites et leur violation, demandez-vous dans quels aspects de votre relation vous auriez besoin d'une plus grande intimité. Où êtes-vous le plus prêt à l'encourager et à tester vos limites ? Quel nouvel aspect de votre sanctuaire intérieur aimeriez-vous surtout partager ? Discutez-en au moment opportun. Si vous êtes tous les deux ouverts et respectueux de vos limites durant la discussion, cela va presque certainement renforcer votre lien.

Danser dans le noir

Les fantômes sexuels peuvent asservir ou illuminer.

Le plaisir est principalement un phénomène sensoriel. Vous contemplez une rivière des yeux, inhalez son parfum par le nez, entendez son mugissement avec vos oreilles, sentez sa surface avec votre main et la goûtez avec votre langue. Même les plaisirs psychiques, comme un précieux souvenir ou une tranquille rêverie, se déploient pleinement dans le corps. Il est impossible de saisir un moment de joie, de le ressentir vraiment, sans un sourire extérieur ou intérieur.

Le plaisir sexuel, cependant, est souvent plus complexe. Le toucher d'un partenaire de longue date, même offert comme vous l'aimez, peut vous sembler familier au point de vous laisser plutôt insensible. Pour éprouver une excitation sexuelle maximale, vous ajoutez peut-être des épices comme le fantasme et le risque. De plus, vous subissez peut-être l'emprise de préjugés importants. Quand ce qui vous stimule le plus est considéré comme mauvais, par vous ou par quiconque, le plaisir devient un défi important à relever.

Vous n'apportez dans l'arène sexuelle rien d'autre que tout ce que vous êtes. Souvent, ce qui est refoulé dans les autres domaines de votre vie trouve une expression dans la sexualité. Cela explique pourquoi des gens très puissants sont enclins au masochisme et pourquoi des gens impuissants se réfugient dans le sadisme. Dans la sixième invitation, on ne recule devant rien de tout cela. Elle ne fait pas de distinction entre homosexuel ou hétérosexuel, doux ou dur, excentrique ou ordinaire.

Aimer comme si vous dansiez signifie, dans l'arène sexuelle, se livrer à toute activité sécuritaire et consensuelle dont vous tirez plaisir. Mais il y a bien plus. C'est une occasion d'explorer votre réaction sexuelle comme un autre moyen de vous ouvrir plus pleinement à vous-même, au moment présent et à votre amoureux. Il n'est pas facile d'y arriver, cependant, car, lorsqu'il est question de sexe, la danse prend une intensité fébrile. Le sang s'engouffre dans vos veines, votre cœur bat fort et plus vite. L'excitation peut vous submerger, ce qui diminue votre capacité d'attention et vous fait oublier toute dimension plus profonde. C'est pourquoi il vous faut parfois prendre du recul et réfléchir, vous distancier non seulement du rythme fascinant de la danse, mais aussi de votre propre désir.

Supposons, par exemple, que vous fantasmiez souvent des relations sexuelles où vous figurez en tant que membre de l'autre sexe. Pour un homme, ce fantasme indique peut-être un désir d'exprimer son identité réceptive. Pour une femme, il peut signifier le désir d'accueillir son identité affirmative. Comment savoir si une telle signification s'applique à vous? En examinant l'attrait du fantasme, vous vous identifieriez à ce qui vous excite le plus. En d'autres mots, ce qui vous excite pointe toujours en direction de la vérité.

Plus vous êtes attentif, plus votre perception se précise. Exploré à fond, le fantasme de réceptivité d'un homme peut traduire une demande de présence émotionnelle. Il pourrait tout aussi bien indiquer un besoin de spontanéité. Exploré à fond, le fantasme d'affirmation d'une femme pourrait traduire une demande de clarté de but. Il pourrait tout aussi bien indiquer un besoin d'autonomie. Toutes ces manifestations offrent la même occasion: permettre à l'énergie du fantasme sexuel d'imprégner également les aspects non sexuels de la vie.

Examinons plus en détail un exemple de ce processus. Imaginez-vous attiré par des situations et des scénarios à caractère sexuel dans lesquels vous exprimez beaucoup d'hostilité. Cela peut être aussi dérangeant qu'excitant, surtout si vous vous considérez comme placide. Vous entreprendriez l'exploration en essayant de sentir l'hostilité brute en vous, avec toute son énergie, sauf son expression sexuelle. Si vous étiez coincé dans des préjugés sur l'hostilité, vous les remettriez en question en faisant l'exercice proposé à la section « Les tons de gris » (deuxième invitation, p. 69). Si vous étiez bloqué par la peur de l'hostilité, vous vous reporteriez de nouveau à « La circulation des émotions » (première invitation, p. 34) et à « Au-delà de la peur » (quatrième invitation, p. 156).

Puis, lorsqu'il ne subsisterait plus rien entre vous et votre hostilité, vous combineriez la première et la cinquième invitation d'une manière légèrement nouvelle. Vous représenteriez l'hostilité comme si c'était un personnage. Il s'agirait d'en entendre le message, clair et fort. Vous pourriez le noter par écrit, le déclamer ou même le danser. N'importe laquelle de ces approches qui sembleraient convenir, isolément ou en combinaison, vous permettrait de reprendre contact avec une partie de votre centre émotionnel.

Vous pourriez apprendre que cette hostilité sexuelle est un appel pour cesser de nier votre hostilité en général. Or souvent le lien n'est pas aussi direct. De vieilles blessures non reconnues pourraient alimenter cette hostilité. Pendant que vous écrivez, criez ou dansez, de soudaines larmes de douleur ou de tristesse pourraient vous procurer le soulagement nécessaire et vous transmettre un message très différent. Derrière toute votre animosité, dans ce cas-là, pourrait se profiler un étonnant besoin de tendresse et d'attention.

Parfois, lorsque vous êtes disposé à accueillir ainsi la guérison sexuelle, ce qui vous stimulait perd de son intérêt. En d'autres occasions, cet intérêt ne diminue que très peu ou pas du tout. L'essentiel n'est pas de savoir si ce qui vous excite est bon ou mauvais, juste ou non. Ce n'est qu'un feu d'artifice éclairant le chemin de la découverte de soi. Le point que vous atteignez sur ce chemin dépend entièrement de vous. Gardez cependant à l'esprit que plusieurs émotions intenses et blessures profondes trouvent le moyen de s'exprimer sexuellement. L'exploration de votre comportement et de vos fantasmes sexuels, telle qu'elle a été illustrée ici, pourrait être la seule manière de découvrir leur présence.

Si vous avez passé des années à tenter de vous libérer de la honte et à chercher une forme d'expression sexuelle véritablement satisfaisante, vous pourriez hésiter à explorer ainsi vos désirs. De la même façon, si votre plaisir est *lié* à la honte, si une situation vous attire parce qu'elle est interdite, il se peut que vous ne consentiez pas à en perdre le parfum. Encore une fois, il n'existe aucune règle. Mais, du point de vue de la sixième invitation, la question demeure toujours : votre mode d'expression sexuelle amène-t-il davantage d'amour ou non ? Formulée différemment : êtes-vous prêt à renoncer à une sensation particulière pour vous donner la chance d'ouvrir votre cœur ?

Calmement et avec objectivité, passez en revue vos désirs sexuels pour déterminer ceux qui vous dérangent ou vous troublent. Y a-t-il des désirs qui font l'objet de fantasmes excessifs ? Y en a-t-il dont vous n'avez jamais parlé ? Se peut-il que le fait de garder un désir pour vous-même vous sépare de votre partenaire ?

Bien sûr, c'est là un terrain très glissant. La révélation de secrets sexuels risque toujours de déclencher une réaction chez l'un ou l'autre des partenaires. Même en ce cas, tout ne s'arrête pas là. Heureusement, comme nous en avons parlé dans « Arrêtez la musique » (p. 226), vous et votre partenaire avez acquis les outils pour faire face aux déclencheurs. Le plus important de ces outils demeure l'entente concernant la pause. Tant que l'un d'entre vous est en réaction, ce genre de conversation ne peut avoir d'effet bienfaisant. Cependant, une fois que vous avez pris le temps de redevenir parfaitement disponible, il est possible de partager des secrets sexuels d'une manière enrichissante pour vous deux.

Si votre partenaire a flirté devant vos yeux, pour reprendre notre exemple précédent, vous pourriez lui demander, sans aucune peur et sans rancœur : « Y a-t-il quelque chose entre nous que tu ne m'aies pas encore mentionné ? » Si votre partenaire est engagé dans le même genre d'exploration, il pourrait éprouver un sentiment de culpabilité et le besoin de présenter des excuses, pour répondre : « Je pense que quelque chose de plus important est en jeu. Le flirt n'était qu'un symptôme. J'avais soif d'une plus grande exploration sexuelle ces derniers temps, mais je ne savais pas comment le demander. Je craignais que tu refuses ou tu penses que quelque chose n'allait pas en moi. »

Étant donné que des partenaires sont rarement compatibles sur tous les plans en matière de relations sexuelles, il est possible que, dans ce cas, vous auriez dit non. Mais il y a toujours plus de chances pour que le lien d'amour soit plus vivant lorsque les désirs sexuels sont révélés. Il ne s'agit pas ici de satisfaire tous les fantasmes et besoins de l'autre, mais de créer un espace sécuritaire pour en parler. Sans cette communication, aucun d'entre vous ne peut connaître à coup sûr la réponse de l'autre. Vous ne pouvez alors pas négocier, encore moins expérimenter. Ironiquement, c'est dans cette dimension intime d'une relation qu'habituellement la communication s'interrompt. Quand la communication disparaît, le plaisir aussi disparaît. Cela entraîne souvent des comportements réactionnels, comme le retrait.

Pour ce qui est de la déclaration de votre partenaire au sujet du flirt, la conduite de surface et la réalité qu'elle masquait se rattachaient toutes deux au domaine sexuel. Mais, comme nous l'avons vu précédemment, ce n'est pas souvent le cas. Votre partenaire pourrait tout aussi bien répondre : « Je crois que cela concerne ma faiblesse par rapport aux limites. Je me sens coincé et j'ai besoin de passer du temps seul. J'ignorais cela jusqu'au moment où je me suis vu en train de te repousser en me servant du flirt. Maintenant que j'en ai conscience, je serai beaucoup plus raisonnable. »

La révélation de vos fantômes sexuels, qu'ils s'arrêtent au sexe ou qu'ils aillent plus loin, peut s'avérer plus effrayante que l'expression d'émotions problématiques. C'est pourquoi les échanges présentés ici peuvent sembler irréalistes au début. La sixième invitation exige une honnêteté absolue et exempte de peur, spécialement en ce qui touche le sexe. Vous n'avez pas besoin de tout aimer chez votre partenaire ni d'y participer, mais vous devez l'accepter. Sinon, vous résistez. Ici aussi, comme partout ailleurs, la résistance vous coupe de vous-même, du moment présent et de l'amour.

Les désirs viennent d'eux-mêmes. Tout comme les émotions, vous ne pouvez pas les contrôler. Au lieu d'y répondre de manière réactionnelle ou de les refouler, vous pouvez toujours les explorer et partager ce qu'ils révèlent. Inévitablement, votre désir de dévoiler à votre partenaire les secrets de votre psyché sexuelle et d'accueillir affectueusement les siens revitalise vos rapports physiques. Après une révélation aussi fondamentale, le toucher se fait incroyablement plus vivant entre vous. La simple respiration devient extraordinairement érotique. Vous accueillir l'un l'autre dans une telle présence enveloppante, comme animaux et comme anges, c'est danser avec une grâce transcendante.

L'échange de partenaires

La danse n'est pas vraiment terminée
tant que vous ne laissez pas l'amour mener.

Pourquoi donc avoir un partenaire ? Les raisons historiques sont sociales et économiques. L'amour, quand il était au rendez-vous, n'était qu'un avantage social. Puis, au cours du dernier siècle, le concept de couple s'est complètement transformé. Nous exigeons encore la sécurité qu'offre une unité familiale fonctionnelle, mais il nous faut aussi une intimité profonde et durable. Comme ces deux exigences peuvent être très accaparantes, plusieurs relations croulent sous la pression.

Les thérapies et autres démarches de croissance personnelle peuvent souvent aggraver, sans qu'on le veuille, cette situation problématique. Sur un ton de défi, on peut faire ce serment : « Je dois satisfaire tous mes besoins une fois pour toutes. Je ne me contenterai pas de moins que cela. » Puis, lorsqu'on n'y arrive pas, la seule alternative pour l'autre est de partir ou de souffrir. Beaucoup de personnes font des efforts colossaux pour guérir et s'éveiller, mais se retrouvent encore plus capricieuses et seules que jamais.

Aimer comme si l'on dansait réconcilie le besoin d'une union parfaite et l'impossibilité de la trouver un jour. Le chemin passe par l'intérieur. Quand vous avez des difficultés avec votre partenaire, vous vous tournez d'abord et avant tout vers vous-même. Ce faisant, vous délaissez les blâmes et prenez vos responsabilités. Lorsque vous ne recevez pas l'amour que vous désirez, vous utilisez les cinq premières invitations pour continuer à danser avec le moment présent. Cela vous donne accès à l'amour qui est *toujours* présent, que votre partenaire le soit ou non. En ouvrant votre cœur et en vous abreuvant de cet amour, vous abandonnez la résistance et entrez dans l'acceptation. Bien que cela semble excuser des attitudes et des comportements blessants, en pratique, c'est le contraire. En acceptant votre relation telle qu'elle est, vous arrêtez d'alimenter ce qui la gâche.

Chaque fois que vous renoncez à un comportement négatif envers votre partenaire, vous changez inévitablement ce comportement. Votre liberté d'agir autrement porte votre partenaire à en faire autant. Souvent, sans un mot d'incitation, vous découvrez en lui des changements jusque-là impensables.

Mais quand cela ne se produit pas, que faire? Qu'en est-il lorsque vous êtes à la hauteur de tous les défis de l'amour, mais que votre partenaire demeure aussi immobile qu'un rocher? Dans ce cas, vous devez vous souvenir de l'objet ultime d'une union. Il ne s'agit pas de se satisfaire l'un l'autre, bien que la satisfaction soit très attirante. Il ne s'agit pas de partager votre fardeau, même si le partage est certainement de mise. Ce n'est pas non plus pour le bien-être mutuel, même si celui-ci constitue une grande bénédiction. L'objet ultime d'une relation est celui-ci: favoriser l'ouverture mutuelle à l'amour.

Cet objet est impossible à remplir quand votre partenaire se sent jugé, accusé, condamné ou attaqué. Vous ne pouvez y parvenir non plus en dorlotant votre partenaire et en souffrant en silence dans la frustration ou la peur. La voie du milieu consiste à laisser l'amour parler à travers vous, à offrir les invitations de l'amour et à le soutenir en tant qu'humble partenaire. On peut mieux donner suite à ces invitations, peu importe ce qui les fait surgir, dans des moments de calme relatif. Elles sont souvent amenées par des variantes plus senties, plus personnelles et plus informelles des questions suivantes:

LA PREMIÈRE INVITATION : TOUT RESSENTIR

« Y a-t-il quelque chose que tu pressentes, mais que tu n'aies pas encore découvert ? Si je me trouvais dans la même situation, je pourrais sentir que… »

« Chaque fois que nous abordons ce sujet, je remarque que tu deviens tendu. Cela suscite-t-il des sentiments que tu préférerais éviter ? »

LA DEUXIÈME INVITATION : TOUT REMETTRE EN QUESTION

« Il semble que tu entretiennes de fortes croyances là-dessus et moi aussi d'ailleurs. Accepterais-tu que nous regardions ces croyances ensemble ? »

« Je ne suis pas certain que tu saisisses ce que je dis. Pourrais-tu me le répéter dans tes mots ? »

LA TROISIÈME INVITATION : NE RÉSISTER À RIEN

« Tu es très dur avec toi-même. N'y aurait-il pas moyen que tu abordes la situation sans te blâmer autant ? »

« Tu es très dur avec moi. Nous voyons sans doute les choses différemment, voilà tout. Ne pourrions-nous pas l'accepter ? »

LA QUATRIÈME INVITATION : VIVRE COMME SI VOUS MOURIEZ

« Qu'est-ce qui compte le plus pour toi dans cette situation ? Au plus profond ? »

« Le choix que tu sembles vouloir faire te semble-t-il juste ? Le fais-tu pour quelqu'un d'autre ? »

LA CINQUIÈME INVITATION : VIVRE COMME SI VOUS RÊVIEZ

« Il semble que le même problème revient sans cesse, mais de manière différente. Crois-tu qu'il pourrait y avoir un schéma de comportement là-dessous ? »

« Tu sembles très certain de cela. Y a-t-il des parties de toi qui sentent différemment ? »

LA SIXIÈME INVITATION : AIMER COMME SI VOUS DANSIEZ

« Te sens-tu troublé actuellement ? Serait-il préférable de poursuivre la conversation plus tard ? »

« Nous avons beaucoup argumenté ces derniers temps. Pourrions-nous en chercher ensemble la raison profonde ? »

Prenez le temps de relire ces questions. Imaginez ce que vous ressentiriez si quelqu'un vous les présentait. Même s'il n'y avait qu'une faible chance pour que vous baissiez votre garde, de telles sollicitations sont fort probablement utiles.

Prenez de nouveau le temps de relire les questions. Imaginez-les lues d'une voix claire et affectueuse, dépourvue de toute trace de présomption ou de suffisance. D'un côté, elles ne font qu'exprimer l'appel de l'amour. De l'autre côté, elles peuvent faire la différence entre la fin d'une relation et un excitant renouveau.

Non seulement de telles questions portent leurs fruits immédiatement, mais elles sèment aussi de puissantes graines. Celles-ci ont parfois besoin d'espace et de temps pour grandir. Le déni véhément d'aujourd'hui peut devenir l'ouverture soudaine de demain.

La rebuffade rageuse de ce mois-ci peut devenir le dégel progressif du mois prochain.

Par ailleurs, demeurer présent ne signifie pas attendre indéfiniment. Bien qu'aucune relation ne soit hors de portée de la guérison de l'amour, dans certains cas il est indiqué de partir d'abord. Quand le moment du départ approchera, vous le sentirez clairement. Cette connaissance ne prendra pas la forme de pensées ou de l'impatience, mais elle viendra de manière organique, comme nous l'avons déjà vu maintes fois. Lorsque vous posez la question du départ et que vous êtes attentif à votre corps plutôt que de vous intéresser à un « non » ou à un « peut-être », la réponse est un franc « oui ».

Mais, même dans ce cas, si vous partez pour fuir vos problèmes ou l'inconfort de la croissance, la nécessaire guérison ne viendra pas facilement. Par conséquent, chaque fois que vous êtes disposé à laisser tomber un partenaire, demandez-vous une dernière fois : *Ai-je complètement assumé mon rôle dans notre thème ? Ai-je pris la responsabilité de nos conflits ? Ai-je accompli sur moi-même le travail requis par l'amour ?* Si la réponse à toutes ces questions est aussi un « oui », alors vous êtes prêt pour la prochaine danse.

L'ACCEPTATION DE LA SIXIÈME INVITATION

Au mieux de mes capacités actuelles en évolution, je suis résolu à :

- laisser les nouvelles relations se déployer dans le temps ;
- déceler le thème principal de chaque relation amoureuse ;
- arrêter d'argumenter chaque fois que je suis troublé ;
- découvrir la racine de tout conflit ;
- respecter les limites dans les relations ;
- explorer mes fantômes sexuels ;
- favoriser l'ouverture à l'amour chez mon partenaire.

La septième invitation

Élargir votre monde

Le Un n'est rien d'autre que le Tout,
le Tout rien d'autre que le Un.

Seng T'san,
troisième patriarche Tch'an

Dans la septième invitation, l'amour vous convie
à voir la terre et ses habitants comme un tout solidaire.
Servir et soutenir ce tout veut dire évaluer
les conséquences globales de tous vos actes.

Lorsque vous avancez sur le chemin de l'amour, l'accueil d'une véritable union ne s'applique pas seulement aux amoureux, mais aussi à la famille et aux amis. Vous entrez en relation depuis le cœur et cela devient une pratique de tous les instants, que vous cherchez à inspirer à tout votre entourage. Cette visée dépasse même ce cercle et elle englobe tous ceux avec qui vous entrez en contact. Il n'existe pas un garçon de table, pas un jardinier, pas un banquier ou pas un passant qui ne mérite pas un regard prolongé dans les yeux et un contact sincère et bien senti.

Que diriez-vous si le *monde entier,* avec tous ses habitants et toutes les ressources dont ils dépendent, était votre partenaire ? Et si chacun de vos actes était une marque de respect ou d'irrespect envers votre relation avec ce monde ?

Et si le monde était même plus qu'un partenaire ? S'il était un vaste appendice de vous-même ? Si chacun de vos actes vous touchait directement ?

La septième invitation affirme en effet que le monde constitue à la fois un partenaire et soi-même. Ce n'est pas là une simple métaphore poétique, mais bien une description exacte. Vous pouvez en trouver la confirmation partout, de la nature des particules subatomiques au fonctionnement de votre corps et aux lois de l'offre et de la demande.

Voyons d'abord les particules subatomiques. Les scientifiques qui explorent ce monde quantique savent depuis plusieurs décennies que tout objet dans l'univers est composé de la même poussière primitive. Un chien, un avion, un virus et une bouteille de bière sont tous faits des restes de l'explosion de l'atome primitif. Considérée dans cette perspective, l'affirmation de notre unicité est moins un principe spirituel qu'une simple observation.

Cependant, cette observation donne lieu à une découverte inattendue. Deux particules subatomiques ayant déjà interagi garderont encore une forme de solidarité des milliards d'années plus tard, même si elles se sont éloignées de plusieurs années-lumière. Les physiciens ne peuvent qu'émettre des hypothèses sur les raisons de ce comportement, mais une chose est très claire: des éléments distants les uns des autres peuvent s'influencer de manière extraordinaire.

Cela est-il également vrai au-delà du domaine subatomique? Pouvez-vous influencer le cours des événements par la pensée ou par la prière? Pendant que fait rage le débat sur ces questions, vous pouvez *sentir* l'interconnexion de toute la matière. L'amour — est-ce une surprise? — en est la clé. Plus vous aimez, plus vous vous sentez fondamentalement uni à toute l'existence. Peu importe le degré d'influence que vous pouvez exercer sur les événements, cette union en est le fondement.

Personne ne peut voir ce qui se passe au niveau subatomique, mais tout le monde peut observer une bonne partie du fonctionnement du corps. À première vue, il semblerait que vous pouvez maintenir un contrôle de base sur votre corps. Vous lui dites quand manger, quand dormir et quand faire de l'exercice. Vous décidez des meilleurs remèdes pour lui. Vous décidez du moment de le pousser à sa limite et du moment de le laisser se reposer.

Mais cette première impression est trompeuse, à cause de tout ce qu'elle ne dévoile pas. Il y a votre code génétique, qui détermine une vaste gamme de caractéristiques, comme la taille, le teint, la personnalité et la durée de vie. Il y a aussi une panoplie de processus physiologiques qui se déroulent automatiquement, comme la digestion et le métabolisme en général. De plus, il faut tenir compte de la perméabilité de votre corps. Vous ne pouvez pas grand-chose pour filtrer les polluants de l'air, pour empêcher les microbes de s'infiltrer à travers vos membranes ou pour éviter les toxines que renferment les aliments que vous mangez.

Pour le meilleur ou pour le pire, nos corps sont tous liés entre eux, et on en a de nombreux exemples. Prenons le cas de la dioxine, une substance extrêmement toxique, qu'émet une usine éloignée de chez vous ; cette substance peut dériver sur des milliers de kilomètres dans l'atmosphère avant d'aboutir dans votre environnement. Elle peut s'infiltrer dans votre corps par le biais de la pluie ou des fruits de mer que vous consommez. La tragédie est qu'elle a tendance à se concentrer dans le lait maternel. Une mère en bonne santé vivant dans une communauté close peut, malgré les meilleures intentions du monde et le style de vie le plus sain, empoisonner son enfant sans le savoir en lui donnant le sein.

Qu'est-ce que la dioxine, avec ses conséquences fatales, a à voir avec l'amour ? Beaucoup de choses. Vivre selon l'amour implique la capacité de reconnaître les interactions entre le monde et vous. Cette reconnaissance nous amène à la loi de l'offre et de la demande.

Supposons que l'usine dont il a été question se trouve en Chine, comme il y en a beaucoup, et qu'elle manufacture des figurines de héros de Hollywood. La plupart des acheteurs vivent de l'autre côté du globe, aux États-Unis, et ne désirent pas payer cher leurs figurines. À cause du coût relativement élevé de la main-d'œuvre aux États-Unis, les entreprises ne peuvent y produire les figurines à un coût compatible avec les attentes des consommateurs. Ces entreprises doivent donc passer par la sous-traitance avec des entreprises étrangères, comme celle de notre exemple, qui n'ont pas à se plier à autant de règlements en matière de conditions de travail et d'environnement et qui contaminent continuellement leurs employés.

Tenez-vous vraiment à porter cette réalité dans votre conscience la prochaine fois que vous achèterez un cadeau à votre enfant ? Probablement pas, pas plus que vous ne voudriez voir de la dioxine dans son sang. Mais vous détourner de n'importe laquelle de ces deux réalités serait ignorer votre rôle dans cette équation. Si vous et des millions de consommateurs comme vous étiez prêts à payer un peu plus pour des figurines sans dioxine, celles-ci se retrouveraient sur les étagères de votre marchand de jouets local en quelques semaines.

Ce discours ressemble peut-être à de l'activisme, mais ce n'est qu'une description du fonctionnement du monde. L'interdépendance est omniprésente et constante, à tous les niveaux, même quand il est difficile ou pénible de la voir. Élargir votre univers signifie plus que simplement reconnaître cette interdépendance. Cela signifie effectuer tous vos choix, petits et grands, en gardant à l'esprit l'amélioration du monde en général. S'il existait une recette simple pour y arriver, la septième invitation serait facile à accepter. Malheureusement, il n'existe pas de telle recette, ce qui fait de la septième invitation la plus difficile à accepter et la plus stimulante de toutes.

Au début, lorsque vous prenez conscience de l'étendue de votre pouvoir véritable, il peut vous sembler qu'il n'y a là qu'une occasion. Tout comme un panache de fumée chimique peut déséquilibrer le monde, une seule visite empreinte de tendresse dans une maison de retraite peut soulager de nombreux cœurs déchirés. Il peut y avoir une grande satisfaction dans le partage d'un tel amour, non seulement avec les humains, mais aussi avec les animaux, les insectes, les plantes et la terre elle-même.

Puis cet enthousiasme initial pâlit inévitablement quand vous êtes en face de l'insondable profondeur de la souffrance du monde. Des vies sont continuellement ruinées partout par les forces de la nature, comme les inondations, les tremblements de terre et les maladies. Plus de gens souffrent à cause des hommes : la faim, la pauvreté, la guerre, l'oppression et les crimes.

Si vous êtes comme la plupart d'entre nous, ressentir une telle souffrance avec un cœur ouvert peut facilement vous pousser à la coupure. *Si je dois sentir les maux du monde entier en plus des miens,* protesterez-vous peut-être, *alors je renonce. Je deviendrais impuissant et inutile.*

Ce genre d'anesthésie, tout comme les idées similaires abordées précédemment, constitue une réaction de protection excessive. Sentir tous les maux du monde *serait* paralysant, et c'est justement pour cette raison que l'amour ne l'exige pas. L'amour vous demande seulement de ne pas détourner la tête, d'être témoin de la souffrance partout où elle existe et d'apprendre à l'accueillir par une action fondée sur la compassion.

Même si vous êtes disposé à le faire, vous pouvez encore expérimenter cinq formes de résistance à la souffrance collective. Avant de les passer en revue, penchons-nous un moment sur l'idée de «résistance à la souffrance collective». Une telle résistance semble être positive. Après tout, la souffrance collective n'est-elle pas indésirable? Ne devrions-nous pas tenter de l'alléger? La réponse aux deux questions est, bien sûr, affirmative. Mais la résistance, dans le sens que nous avons employé ce mot et que nous continuerons à l'employer ici, signifie le rejet de quelque chose qui existe. L'élimination de la souffrance ne comporte pas ce genre de résistance. D'un autre côté, refuser de faire face à la souffrance ou la laisser vous maintenir en état de séparation (de vous-même, de votre cœur, de vos proches, du moment présent et du monde en général) est exactement le genre de souffrance débilitante qui vous afflige, vous et la planète.

Vous ne pouvez pas éprouver de l'amour ou agir de manière aimante envers une personne ou une situation à laquelle vous résistez. De plus, comme nous l'avons vu dans la troisième invitation, tant que vous demeurez prisonnier de la résistance, toute tentative de changement positif est virtuellement vouée à l'échec. Gardant cela à l'esprit, voyons donc, une à la fois, les cinq formes de résistance à la souffrance collective.

La première forme de résistance est l'amertume, une incapacité à accepter tant de noirceur dans le monde. La condamnation de la noirceur du monde entraîne le retrait et la passivité. Presque chaque fois, ce genre de condamnation vient d'un malaise par rapport à sa propre noirceur. Lorsqu'on accueille pleinement ses fantômes personnels, on peut aussi accueillir ceux du monde.

La deuxième forme de résistance est la futilité, soit la conviction que la souffrance fait partie inhérente de la vie et que toute tentative pour apporter des changements n'est qu'une perte de temps. La futilité concerne plus la frustration que le fait lui-même quand on considère tous les changements positifs que nous tenons maintenant pour acquis: la fin de l'esclavage, l'affirmation des droits de la femme et le meilleur accès aux fauteuils roulants. S'ouvrir à la frustration liée à la difficulté du changement et à l'énormité des changements encore à faire favorise l'atténuation du sentiment de futilité.

La troisième forme de résistance est le déni, soit la décision, généralement inconsciente, de se retirer dans le confort d'une vie de privilégié. Quand on vit dans l'opulence et au milieu d'une foule de possibilités, il est facile de prétendre qu'il en est également ainsi du reste du monde. Les pays riches encouragent ce genre de déni. Afin de maintenir le *statu quo*, ces pays doivent faire en sorte que leurs citoyens consomment sans conscience. Les principaux médias s'en assurent (voir «Pourquoi est-ce que je désire ce que je désire?» dans la deuxième invitation, p. 78). En vous rappelant de tout remettre en question, surtout les valeurs véhiculées par la culture populaire, il vous est cependant possible de sortir de ce cycle.

La quatrième forme de résistance est la peur: on s'inquiète de ce que la pleine ouverture à la douleur du monde implique un abandon de la liberté, de l'individualité et de la capacité de vivre pleinement. Beaucoup de gens craignent aussi d'avoir à renoncer à leur confort et aux commodités de la vie, tant sur le plan des produits de tous les jours que sur le plan des luxes qu'ils s'offrent. Toutes ces peurs masquent le fait que l'amour n'exige aucun de ces sacrifices de quelque manière que ce soit. Nous sommes tous libres en tout temps de suivre l'inclination de notre cœur, peu importe notre degré d'ouverture.

La cinquième forme de résistance à la souffrance collective est l'abattement, une sorte d'incertitude dérangeante qui vient du fait qu'on ne sait quel est le meilleur moyen d'aider le monde ni par quoi commencer. Étant donné le très grand nombre de problèmes et le flot incessant d'informations, il semblerait qu'il vaille mieux laisser aux experts le soin d'agir. Or, même quand l'esprit ne sait que faire, le cœur le sait toujours, lui. En écoutant notre cœur, nous découvrons l'endroit où réside notre plus grande passion et donc le problème sur lequel il convient de nous pencher. Nous trouvons alors le courage de commencer, nous acceptons de n'avancer qu'à petits pas, en commettant des erreurs et en apprenant d'elles.

Combien de ces résistances vous semblent familières? Avez-vous déjà fait l'expérience d'une combinaison de ces résistances? Agissent-elles à votre insu? La septième invitation les éclaire et diminue leur emprise. Il s'agit de refuser de prendre sa part du gâteau — nourriture, vêtement, abri, ressources naturelles — si l'on ne peut trouver un moyen de donner en retour.

Que vous résistiez ou non, vous êtes un citoyen du monde. Vous ouvrir à la résistance signifie que vous prenez votre rôle de citoyen au sérieux. Cela veut dire vous engager à servir le monde partout où il vous sert. Si vos chaussures sont fabriquées aux îles Samoa, alors, jusqu'à un certain point, vous êtes un Samoan. Une partie des bienfaits apportés à ces îles par vos souliers vient de vous. De même, toutes les maladies, la pauvreté ou la dégradation de l'environnement causées par ces souliers peuvent vous être partiellement attribuées. Il en est ainsi de la chaîne stéréo de Corée, de votre étagère mexicaine et du cacao nigérien contenu dans vos friandises préférées.

Soyez conscient, en lisant ces lignes, de toutes nouvelles résistances pouvant surgir. L'anesthésie, l'amertume, le sentiment de futilité, le déni, la peur, l'abattement: y en a-t-il une soudainement présente? Y a-t-il une partie de vous qui veut rejeter une telle responsabilité? Si c'est le cas, ne la combattez pas. Faites une pause pour sentir tout ce qui monte. Accueillez même la pensée la plus résistante. Respirez, reprenez contact avec votre corps et laissez toutes vos réactions plafonner et disparaître.

Une fois relâchée votre résistance à la souffrance, sous toutes ses formes, l'élargissement de votre univers peut effectivement devenir une bénédiction. Il provoque une faim de véritable compréhension: vous désirez plus que du simple bruit. Cela vous amène à élargir votre perspective et à y incorporer des vues qui peuvent être impopulaires, marginales ou même refoulées. Cela vous prépare non seulement à apprendre, mais aussi à agir. L'action peut être sans risque, comme boycotter une entreprise irresponsable, mais elle peut aussi être risquée, comme la désobéissance civile pour marquer votre opposition à un gouvernement injuste.

Certaines personnes évoluent naturellement dans ce genre d'action, alors que d'autres s'en trouveront mal à l'aise au début. Vous pensez peut-être: « Je suis apolitique, ce genre de chose n'est pas pour moi. » Ce qui vous libère de ce type de blocage, c'est de constater que tout est politique. La politique concerne tout simplement le pouvoir, la façon dont il est acquis et exercé. La politique existe dans la jungle, au terrain de jeux et partout où les gens se réunissent au nom de Dieu. La politique est partout à l'œuvre, que vous le perceviez, le reconnaissiez, le niiez ou l'ignoriez. La dernière chose que l'amour désire est que vous renonciez à quelque dimension de votre propre pouvoir. Au contraire, il veut vous amener à développer ce pouvoir jusqu'à son expression maximale la plus efficace, non pas sur la base des besoins ou des intérêts personnels, mais sur la base du bien supérieur de tous.

Même là, vos efforts seront parfois vains. Malgré toute votre force et votre détermination, le candidat que vous appuyez n'est pas élu, la loi que vous attendiez n'est pas adoptée et l'espèce à protéger n'échappe pas à l'extinction. Ou parfois, sans le vouloir, vos efforts sont contre-productifs. Par exemple, vous pouvez réussir à faire fermer une usine polluante et apprendre ensuite que des centaines d'employés de cette usine n'ont pu trouver de nouvel emploi. Ce genre de réalité navrante assaille quiconque tente de servir le monde avec un esprit et un cœur ouverts. Ce qui vous permet de persister, c'est l'amour qui vous a motivé au début.

L'amour est patient. Abandonner votre sentiment qu'il y a urgence, c'est reconnaître que le changement peut prendre des décennies. Souvent, un échec initial est exactement l'aiguillon qu'il faut pour amener le triomphe final.

L'amour est humble. Abandonner votre besoin de détenir toutes les réponses vous permet d'envisager les échecs comme des occasions d'apprendre. Tout se prête constamment à une révision attentive, des détails de la tactique à la mission elle-même.

L'amour est actif. Abandonner votre désir de certitude, c'est voir que faire quelque chose est toujours mieux que ne rien faire. Le risque de succomber au doute et de laisser l'hésitation devenir paralysie excède de beaucoup le risque de prendre position.

Par-dessus tout, l'amour est inconditionnel. Abandonner votre attachement au résultat vous permet de découvrir que l'élargissement de votre monde porte sa propre récompense. Vous agissez parce que vous agissez, sans vous soucier d'un possible succès, car c'est l'expression de ce que vous êtes. Quand toutes les chances sont contre vous, quand vous faites face à une défaite certaine, vous n'avez d'autre choix que de suivre votre cœur.

Prenez maintenant un moment de pause. Relisez les quatre derniers paragraphes. Imaginez cependant qu'ils se réfèrent seulement à votre vie personnelle. Dans ce contexte, la plupart des gens éprouvent beaucoup moins de difficulté à adopter ces positions. Pourquoi ? Parce qu'ils se sentent plus à l'aise en se concentrant sur eux-mêmes et sur leurs actions personnelles qu'en gérant le monde en général. « La meilleure façon de changer le monde, proclament-ils, consiste à travailler sur moi. »

Cette déclaration délaisse l'autre face de l'histoire. L'une des meilleures façons de travailler sur vous consiste à travailler sur le monde. Alors, la vérité profonde refait surface : les deux sont les facettes séparées d'un monde unique. Votre unité avec toute la création se traduit désormais dans des gestes concrets. Le travail en vue d'améliorer le monde donne à celui-ci un parfum de chez-soi. Voilà comment votre propre cœur guérit, grandit et finit par s'embraser.

La lumière sur la septième invitation

Un jour que j'étais assise en silence… cela me vint:
le sentiment de faire partie de tout,
de ne pas être du tout séparée.
Je savais que si je coupais un arbre,
mon bras allait saigner.

Alice Walker

Seul à la maison ?

Votre demeure personnelle est un projet collectif.

Le soleil se lève. Vos yeux s'ouvrent. Vous traînez un peu au lit. On dit que votre demeure constitue votre château et, ce matin, vous le sentez vraiment. Le reste du monde est très loin. Mais l'est-il ?

C'est alors le meilleur moment pour faire entrer en jeu la septième invitation. Puisque vous êtes encore au lit, commencez là (sentez-vous libre de transposer, au besoin). Le coton égyptien de vos confortables draps vient, bien sûr, d'Égypte. Le tapis à côté de votre lit a été fabriqué en Inde. Le bois dur sous le tapis provient d'arbres qui ont été abattus dans les forêts canadiennes et envoyés dans une scierie au Japon ; il a retraversé le Pacifique pour subir son dernier traitement dans des usines le long de la frontière de l'Arizona. Le vernis du plancher est fait d'un distillat du pétrole irakien qui a traversé l'Atlantique pour atteindre une raffinerie en Virginie et être ensuite envoyé à une usine dans l'Indiana pour l'étape finale.

On pourrait trouver de semblables périples, de la source à la finition et d'un continent à l'autre, en ce qui concerne votre table de nuit, votre commode, vos rideaux et la plupart des vêtements de votre garde-robe. À votre lever, vous enfilez un de ces vêtements et vous vous dirigez vers la cafetière dans la cuisine. La cafetière elle-même est une autre réalisation internationale, de même que son contenu et votre tasse préférée. Si vous avalez quelques suppléments nutritifs pour entamer la journée, sachez aussi qu'ils renferment des ingrédients qui ont beaucoup voyagé. De plus, votre assiette, l'argenterie et votre confiture préférée ont peut-être aussi été importées. C'est comme si, simplement en passant d'une pièce à l'autre, vous faisiez le tour du monde des douzaines de fois.

Votre téléphone, votre ordinateur et votre téléviseur possèdent des origines mondiales encore plus complexes. Votre voiture dans le garage comporte des pièces de partout dans le monde, lesquelles sont trop nombreuses pour être énumérées. Avant d'arriver chez vous, tous ces objets sont passés par des milliers de mains: travailleurs agricoles, travailleurs d'usine, investisseurs, comptables, vendeurs, gérants, réceptionnistes, distributeurs et d'autres vendeurs.

Telle est l'interdépendance dans ce qu'elle a de plus immédiat et de plus pratique. Il en résulte que vous n'êtes jamais seul à la maison. Bien que la vie moderne engendre une interdépendance plus grande que jamais auparavant, elle donne aussi l'illusion de l'indépendance. Voir au-delà de cette illusion est essentiel dans l'amour. Cela vous permet de vous relier avec des contrées et des personnes éloignées qui demeureraient autrement inaccessibles.

Les fidèles de presque toutes les religions ont coutume de réciter une prière de remerciement avant chaque repas, de bénir les énergies divines, naturelles et humaines qui ont présidé à sa création. Une fois que vous avez reconnu que les mêmes énergies interviennent dans tous les aspects de la vie quotidienne, vous pourriez avoir envie de manifester constamment votre gratitude. L'expression de votre gratitude peut être silencieuse. Elle peut prendre la forme de gestes de gentillesse au lieu de mots. Peu importe la forme, la gratitude est un moyen infaillible d'ouvrir votre cœur. En fait, la gratitude et l'amour sont proches parents. Chacun, avec le temps, ne peut qu'augmenter l'autre.

La compassion

Un cœur courageux ne rejette jamais quoi que ce soit.

La plupart des gens sont fondamentalement gentils. La souffrance d'autrui les touche. Après un désastre, l'argent, les fournitures et le soutien pleuvent de toutes parts. Mais, de façon tout aussi certaine, ce déferlement se tarit. Même si l'aide demeure nécessaire, elle n'arrive plus qu'au compte-gouttes.

Pourquoi la compassion faiblit-elle? La principale raison est que la plupart d'entre nous éprouvent de la difficulté à ressentir quoi que ce soit pour quelque chose qu'ils ne peuvent ni voir ni entendre. Quand un désastre frappe, pendant des jours et des semaines nos écrans de télé sont remplis d'images des victimes. Nous les regardons dans les yeux, nous entendons leurs histoires et nous nous mettons presque aussitôt à songer à la manière de leur porter secours. Or, avec la vie qui continue, d'autres histoires occupent l'avant-scène et notre attention est attirée sur d'autres événements.

Un des éléments associés à l'effritement de notre compassion est la distance. Souvent, plus un événement se produit loin, plus il est facile de l'oublier. Nous pensons rarement aux enfants qui meurent de faim au Rwanda, alors qu'un enfant affamé sur le pas de notre porte serait un sujet de préoccupation constante. La présentation des nouvelles joue ici aussi un rôle important. D'un côté, les nouvelles nous rapprochent du sort des gens éloignés. D'un autre côté, elles tendent à verser dans le sensationnalisme et la banalité. C'est également vrai des nouvelles régionales. Qu'elles soient rapprochées ou éloignées, les catastrophes et les tragédies traversent nos salons d'une manière qui les rend plus lointaines que jamais.

La septième invitation tient compte de ces deux obstacles et elle vous demande de faire tout ce que vous pouvez pour les surmonter. Lorsque la souffrance peut être vue avec les yeux, il faut la regarder avec le cœur. Quand une distance réelle ou apparente vous sépare des gens dans le besoin, il faut les imaginer comme des invités chez vous. La sagesse amérindienne recommande d'inclure les sept générations à venir dans notre affection. Plus notre monde est interrelié, plus il est important d'englober les habitants de ses sept continents.

Un autre obstacle à la compassion est l'intérêt égoïste. Lorsque les ennuis de quelqu'un d'autre semblent menacer notre bien-être, il se peut que nous nous refermions instinctivement. Il est possible que nous y percevions une menace pour notre argent, notre famille, notre propriété, notre communauté, notre style de vie ou pour notre survie. Dans ces cas-là, même si nous pouvons voir, entendre et même toucher directement la souffrance des gens, nous restons insensibles. Pensez, par exemple, aux efforts pour réduire la discrimination dans l'emploi et combien difficilement les gens soutiennent cette idée lorsque leurs propres chances d'avancement sont en jeu. Pensez au syndrome « pas dans ma cour » : les gens reconnaissent la nécessité d'usines de production d'énergie électrique ou de centres de traitement des déchets, mais n'en permettent pas la construction près de chez eux.

Ce qui menace nos alliés religieux, sociaux et politiques peut aussi nous faire refermer. Si nous prenons fermement parti en faveur d'Israël ou de la Palestine, par exemple, il devient difficile de reconnaître les épreuves endurées par le groupe opposé. Même lorsque aucune allégeance n'est en cause et que seule notre opinion est en jeu, les mêmes forces interviennent. Les fervents partisans de la loi et de l'ordre auront beaucoup de difficulté à ressentir de la sympathie pour les victimes de la brutalité policière, alors que les supporteurs des droits civils seront enclins à minimiser les dangers auxquels doivent faire face les policiers.

En lisant ces mots, vous pensez peut-être que l'absence de compassion est appropriée dans tous ces cas. Vous objectez peut-être qu'il est absurde de combattre un adversaire et d'avoir en même temps de la compassion pour lui. Bien que ce ne soit certainement pas ainsi que nous avons été éduqués ou que la plupart des gens agissent, ce comportement est bel et bien possible. En fait, c'est même là la seule voie véritable vers une existence harmonieuse et supportable. Ceux qui vainquent sans compassion se sentent presque toujours secrètement supérieurs. Ceux qui perdent sans compassion nourrissent presque toujours un ressentiment explosif. En aucun cas l'amour ne peut alors réunir vainqueurs et vaincus. Les traités de paix et les arrangements qui s'ensuivent sont rarement solides et durables.

D'un autre côté, l'amour envers les gens que vous affrontez, même si vous détestez leurs positions, permet le respect mutuel. Dans un tel climat, les deux parties peuvent bénéficier l'une de l'autre et ont intérêt à bâtir une alliance durable. De plus, cette approche demeure préférable, même lorsque votre adversaire la refuse. Sans avoir à reculer d'un pas ni à rendre les armes, vous laissez la porte ouverte à la réconciliation.

La deuxième invitation, « Tout remettre en question », nous prévient contre la prise de position dans toute dispute tant que nous ne pouvons nous mettre dans la peau de l'autre. Bien plus que de se mettre dans la peau de l'autre, le défi consiste à s'abstenir dès que la compassion pâlit. Cela veut dire la cessation de tout combat pour un point de vue jusqu'à ce que nous puissions trouver une place pour nos opposants dans notre cœur.

Évaluez dès maintenant les limites de votre compassion. Demandez-vous qui en est indigne. Ceux avec qui vous êtes en conflit sur le plan religieux, social ou politique ? Les gens qui vous blessent le plus ou qui vous souhaitent le plus de mal ? Peut-être un drogué, un violeur, un agresseur d'enfant, un meurtrier, un terroriste ? Rappelez-vous, en examinant cette liste, que la compassion consiste en une affectueuse attention. Cela ne signifie pas que ceux qui en sont l'objet n'ont pas causé de préjudices, à eux-mêmes ou aux autres. La compassion n'implique pas la négation des crimes horribles ni l'interdiction d'infliger des peines sévères à leurs auteurs, y compris, selon certains, la peine de mort. Autrement dit, il est possible de condamner les actes des gens de toutes vos forces tout en ayant de la compassion pour eux.

Tout comme le pardon, on ne peut précipiter ni feindre la compassion. Son absence entraîne habituellement de grands déferlements de colère et de douleur, manifestes ou refoulés. Si vous ne pouvez éprouver de la compassion pour un individu ou un groupe, mais que vous vouliez modifier cet état d'esprit, il vous faut être attentif à *tous* vos sentiments. Il peut alors être utile de vous imaginer face à ces gens qui vous choquent. Exprimez ce qui est en vous, hurlez au besoin, sans égard pour les convenances et la rectitude politique. Revenez sans cesse à vos propres sentiments : *Je suis tellement furieux ! Je me sens trahi ! Mon cœur est brisé.* Ainsi, au lieu de porter des accusations et des jugements, vous relâchez votre propre souffrance.

Si cela ne vous ouvre pas le cœur complètement, il existe deux autres possibilités. Tout d'abord, voyez ces gens comme des nouveau-nés, des bébés, des écoliers à leurs premiers jours d'école. Étaient-ils alors indignes de votre compassion ? Quelles épouvantables calamités se sont donc abattues sur eux entre l'innocence enfantine et la dépravation adulte ? Même si vous croyez dans le mal en lui-même et estimez que les monstres naissent ainsi, comment vous sentiriez-vous si vous deviez porter un tel fardeau ?

Ensuite, si c'est nécessaire, mettez à profit votre capacité d'incarner différents personnages (voir « Le jeu des rôles », p. 182) et rêvez que vous êtes dans la peau de l'autre. S'il s'agit d'un groupe contre lequel vous vous raidissez, imaginez-vous comme un membre de ce groupe. Essayez alors de ressentir la situation sous cet angle. Ce qui compte, ce ne sont ni les croyances ni les justifications de l'autre personne, mais plutôt ce qu'on *ressent* à vivre ainsi. Si vous êtes soudain emporté par la haine, tentez d'accéder aux terribles blessures qui se trouvent derrière. Si vous tombez sur une complète absence de sentiment, essayez d'imaginer une vie entière dans ce froid désert.

Pour élargir votre univers dans son fondement, il faut aimer quand c'est ce qu'il y a de plus difficile. Cela exige un cœur si vaste qu'il peut contenir tous et tout. Toute hésitation dans la compassion, pour ceux qui sont proches ou pour ceux qui vivent dans des contrées éloignées, est l'indice qu'il reste du travail à faire. Prendre acte de ce signal et accomplir ce travail est la marque d'une vie libérée.

Portrait : semences de paix

Il n'existe pas de sujet plus profond ni plus complexe que le conflit entre Israël et les Palestiniens. La simple mention de ce conflit éveille habituellement d'intenses sentiments et une forte résistance. La violence au Proche-Orient peut sembler sans fin et bien au-delà de la portée de l'amour et de la compassion.

Mais ce n'est pas ce qu'il semblait à John. Fils d'un survivant de l'Holocauste qui avait échappé à la mort de peu, John grandit conscient de la chance qu'il avait d'être en vie. Il devint un journaliste honoré et écrivit de nombreux livres sur le Proche-Orient. Son judaïsme aurait bien pu fausser sa perception de la région, mais John ne le permit pas. Le cynisme qui caractérise sa profession aurait tout aussi bien pu déteindre sur lui, mais cela non plus il ne le permit pas.

En 1993, John se rendit à Washington (D.C.) pour assister à un cocktail où étaient présents le premier ministre d'Israël, l'ambassadeur d'Égypte et un représentant de l'Organisation de libération de la Palestine (OLP). Soudain, John se leva et porta un toast. Il commença par expliquer combien les enfants représentaient le seul espoir de briser le cercle de la violence. Cela semblait inoffensif, peut-être même simpliste, mais c'est alors qu'il prit tout le monde par surprise. John demanda aux trois représentants s'ils pourraient faire en sorte d'envoyer de quinze à vingt enfants dans un centre de vacances aux États-Unis pour qu'ils apprennent à résoudre des conflits. Gênés, coincés, les trois acceptèrent l'un après l'autre. Le lendemain, avant qu'ils ne fassent machine arrière ou ne changent d'avis, John annonça publiquement la tenue du camp. Il l'appela *Seeds of Peace* (*Semences de paix*).

La première année, la colonie de vacances compta quarante-cinq enfants. Depuis lors, ce nombre a été porté à près de cinq cents. On a étendu sa portée de façon à inclure non seulement des enfants du Proche-Orient, mais aussi des enfants d'autres régions où sévit la guerre.

Chaque été, les camps débutent de la même manière. Les adolescents arrivent en colère et anxieux d'établir la justesse de leur cause. Mais ils ont aussi peur d'affronter l'« ennemi » pour la première fois, se demandant parfois s'ils ne seront pas poignardés dans leur lit. Durant les premiers jours, les participants s'adonnent ensemble à la natation, au canot et à d'autres sports. Ils se rencontrent aussi quotidiennement pour des séances de « coexistence », au cours desquelles ils peuvent exprimer leurs sentiments et apprendre à écouter. Tout est permis. Rien n'est schématisé ni balayé sous le tapis. Il arrive souvent que les adolescents s'invectivent mutuellement.

« Vous nous mentez !

– Nous voulons nos terres !

– Vos balles ont tué ma sœur encore bébé. J'y étais.

– Votre attentat suicide a tué mon ami alors qu'il rendait visite à sa grand-mère. »

Les cris fusent, les pleurs aussi. Peu à peu, il devient clair que personne n'a le monopole de la vérité ou de la souffrance. Entre-temps, les participants tiennent des compétitions en groupes, chaque groupe comprenant des enfants de chaque camp d'un conflit. Ces rivaux apprennent ainsi à collaborer et commencent même à se faire confiance.

À la fin de leur séjour au centre, les participants font face à de sérieux défis. Ils retournent dans des régions où règnent la haine, la violence et l'oppression, et *Semences de paix* apparaît comme un mirage idéaliste. Mais ils sont capables de demeurer en contact les uns avec les autres par

Internet et ils se rencontrent même parfois pour tenir leurs propres discussions au sommet. Les quelque 2000 anciens de *Semences de paix* sont à la fois les bénéficiaires et les incarnations de l'action désintéressée.

Récemment, les sceptiques ont invoqué l'aggravation de la crise au Proche-Orient comme signe de la futilité de tels efforts. John n'était pas du tout d'accord. Il a expliqué que le centre était un refuge favorisant la « désintoxication émotionnelle », ce qui, en soi, constitue un résultat inestimable. Il l'a mis sur pied surtout comme moyen de promouvoir l'amour, ce qui a toujours été sa plus profonde motivation.

Alors que j'ai utilisé des noms d'emprunt pour les autres portraits présentés dans ce livre, afin de protéger l'identité des personnes concernées, dans ce cas-ci ce n'était nullement nécessaire. Bien que je n'aie jamais eu le privilège de le rencontrer, John est bien connu. Son nom complet est John Wallach. Son amour et sa détermination illustrent la septième invitation. Il est mort d'un cancer en juillet 2002, à l'âge de cinquante-neuf ans.

D'abord, ne pas causer de tort

Aimer le monde commence par des décisions quotidiennes.

Poursuivons notre discussion sur la compassion en revenant à notre exemple de la tasse de café matinale. La production du café, un produit d'exportation important pour beaucoup de pays pauvres, cause deux genres de problèmes. Tout d'abord, les plantations de caféiers appartiennent à de gigantesques multinationales qui, dans l'ensemble, versent des salaires de misère aux paysans locaux qui accomplissent le plus gros de la tâche. Deuxièmement, ces plantations exigent la destruction de forêts entières et l'usage de produits chimiques puissants, ce qui endommage l'environnement local et menace les espèces végétales et animales.

Heureusement, il existe des solutions de rechange. Beaucoup de travailleurs de plantations entreprenants ont commencé à cultiver de petits lots et se sont regroupés en coopératives pour vendre leurs récoltes partout dans le monde à des acheteurs qui acceptent de payer un prix décent. Comme vous le savez peut-être, ce café porte le nom de *café équitable.* On le trouve dans la plupart des magasins d'aliments naturels et même dans les magasins d'une grosse chaîne d'alimentation internationale. Certains de ces cultivateurs sont revenus à la culture biologique et ont réintroduit la biodiversité dans leurs champs, donnant ainsi aux espèces en danger une chance de reprendre le dessus. On appelle ce genre de café le *café d'ombre* et on le trouve aussi assez facilement.

Chaque fois que vous achetez un kilo de café, vous effectuez un choix. Vous pouvez, pour quelques cents de plus, acheter du café équitable ou du café d'ombre et soutenir ainsi cette initiative plus juste et plus intelligente à long terme ou vous pouvez vous en tenir à vos marques habituelles. Cette alternative peut donner l'impression que tout est noir ou blanc, alors que la vie de tous les jours ne l'est jamais, bien sûr. Peut-être avez-vous un faible pour le café à l'ancienne qu'on trouve dans les supermarchés ou faites-vous vos courses dans un magasin aux choix limités. Il vous arrive peut-être de temps à autre d'oublier ce sujet et d'acheter ce qui vous tombe sous la main ou, après avoir effectué votre recherche, d'arriver à des conclusions tout à fait différentes.

L'amour et le jugement ne font pas bon ménage. Cette discussion ne concerne donc pas le bien et le mal. Partout où fleurit la liberté, c'est à vous de choisir le café que vous buvez, les vêtements que vous portez et la voiture que vous conduisez. L'action compatissante exige que vous fondiez vos décisions non seulement sur vos préférences — l'aspect pratique et votre budget —, mais aussi en fonction de votre rôle dans le monde.

Avant de commencer à pratiquer, les médecins prêtent un serment par lequel ils s'engagent d'abord à ne pas causer de tort. La septième invitation vous demande de prêter ce serment. Lorsque la vie moderne rend, jusqu'à un certain point, le préjudice inévitable, il s'agit de le réduire au minimum.

Comme il y a au moins deux facettes à toute histoire, comment choisissez-vous la solution la moins nuisible? Vous remettez tout en question et ne résistez à rien. Cela assure que votre point de vue n'est pas déformé par d'autres problèmes personnels non résolus. Cela vous permet d'évaluer les biais présents chez les autres, qu'ils soient évidents ou dissimulés, et, finalement, de vous en remettre à votre propre conscience.

Mais qu'en est-il du temps nécessaire pour trouver et trier tant d'informations? Seul un saint, protesterez-vous, se donnerait continuellement tant de peine. Seul un indépendant de fortune serait assez dégagé des responsabilités et des pressions constantes de la vie. Effectivement, l'élargissement de votre univers ne fait pas de vous un chercheur à plein temps. Mais il vous porte à faire de votre mieux. Cela veut dire chercher autant d'informations que vous le pouvez selon vos conditions de vie et votre tempérament. Plus particulièrement, cela veut dire ne pas négliger les informations que vous avez trouvées.

Supposons que vous venez de dénicher une chemise vraiment somptueuse au centre commercial. C'est la première que vous désirez vraiment depuis longtemps et elle est parfaite pour la fête du week-end prochain. Mais vos yeux tombent sur l'étiquette et vous vous rappelez que ce manufacturier a récemment été dénoncé pour l'emploi d'enfants dans ses usines. L'achetez-vous de toute façon ou chassez-vous l'image de ces enfants ? Afin de vous donner bonne conscience, décidez-vous de verser une contribution à une association d'aide à l'enfance ? Soupirez-vous profondément en remettant la chemise à sa place ? Expliquez-vous au gérant la raison pour laquelle vous ne l'achetez pas, dans l'espoir que cette information fera son chemin jusqu'aux gens concernés ? Sous la pression, sortez-vous du magasin en courant et en vous arrachant les cheveux ?

Bien qu'aucun choix ne soit absolument juste, il existe deux clés vous permettant d'arriver à la décision juste pour *vous*. La première consiste à demeurer disponible et patient, en portant une attention spéciale aux formes courantes de résistance pouvant surgir. Peut-être allez-vous devenir insensible et nier les implications sociales de votre choix : « Je veux cette chemise et je me fous du reste. » Peut-être ressentirez-vous l'amertume et la futilité : « Quelle différence après tout ? Tout ce qu'on achète comporte des inconvénients. » Peut-être éprouverez-vous de la peur : « Je ne pourrai jamais trouver un vêtement aussi joli ! » Ou peut-être vous sentirez-vous écrasé : « Je ne peux résoudre ce problème moi-même. Je n'y connais à peu près rien. »

La deuxième clé consiste à consulter votre cœur. En explorant les résistances énumérées plus haut, vous serez en mesure de percevoir la réponse véritable de votre cœur. Le refus de consulter votre cœur montrerait, par contraste, que vous n'êtes pas en phase avec votre intégrité. Cela veut dire que vous sentez déjà la réponse, mais que vous refusez de vous y conformer pour le moment.

Lorsque vous choisissez de vous laisser guider par votre cœur, certaines de vos identités pourraient ne pas aimer la décision que vous prendrez. Ainsi, si vous décidez de ne pas acheter la chemise, vous pourriez ressentir de la tristesse, du regret et même de la colère. Vous en viendriez alors à prendre conscience que l'action compatissante ne se réduit pas à une *sensation* de compassion. Comme l'amour, la compassion est bien plus qu'une émotion. C'est une orientation, une pratique de chaque jour. La quintessence de cette attitude consiste à choisir de ne pas causer de tort, surtout quand votre sensibilité vous y invite.

Y a-t-il des éléments de votre vie qui ne soient pas en parfaite harmonie avec votre cœur ? Qu'est-ce qui pourrait favoriser une telle harmonie ? Pouvez-vous la provoquer, ne serait-ce qu'un petit peu à la fois ? Sinon, pouvez-vous découvrir toute résistance qui barre le chemin et la libérer ? On ne peut répondre d'un seul coup à ces questions subtiles et complexes. À mesure que vous changez, vos réponses aussi sont susceptibles de changer. C'est pourquoi il importe de ne pas poser ces questions seulement maintenant, mais souvent.

Enlever la vie

Êtes-vous capable d'aimer ce que vous tuez ?

Soucieux de respecter leur serment de causer le moins de tort possible, les gens s'opposent souvent à la peine capitale, ils abhorrent la violence, arrêtent de manger de la viande et s'élèvent contre la chasse. La septième invitation ne demande pas cela. Ce qu'elle vous demande, c'est de vous interroger sur le cycle de la vie et de la mort.

Pour survivre, vous devez tuer. Il n'y a pas d'autre solution. Si vous devenez végétarien, chaque repas que vous consommerez exigera le massacre de plantes innocentes. Vous vous dites peut-être que les plantes sont moins conscientes que les animaux et constituent donc un meilleur choix alimentaire, mais un tel raisonnement n'excuse en rien le meurtre. Les membres d'une certaine secte spirituelle vont jusqu'à porter un masque pour éviter d'avaler accidentellement des insectes volants. Pendant tout ce temps, chaque fois qu'ils se grattent la jambe ou se frottent le front, ils détruisent sans le savoir des milliers de créatures microscopiques.

Le meurtre est omniprésent, qu'il soit intentionnel ou non. En conduisant votre voiture, en circulant à vélo ou simplement en marchant, vous éliminez un nombre incalculable de vies. Le meurtre coexiste souvent avec des activités de restauration. Lorsque vous entretenez votre jardin par une belle journée d'été, vous assassinez une mauvaise herbe après l'autre à chaque coup de binette.

Pourquoi caricaturer tout ce carnage ? Parce que les gens doux deviennent souvent trop délicats. Cela peut engendrer une forte résistance envers ceux qui tuent sans vergogne. Cela peut aussi conduire à brosser un tableau simpliste de problèmes complexes.

Considérez la chasse, par exemple. Prendre pour cible une créature de Dieu et l'exécuter d'une balle peut sembler inexcusable à certains. Mais combien de personnes qui abhorrent par ailleurs la chasse n'hésitent pas à commander des cadavres d'animaux bien apprêtés au restaurant? Que dire de l'existence misérable des animaux d'élevage? Que dire, dans le cas de ceux qui optent pour un régime végétarien, de la destruction de l'habitat causée par l'usage de produits chimiques de toutes sortes? Le chasseur qui respecte sa proie et qui en accepte tous les dons est-il plus ou moins humain?

Le problème des expériences faites sur les animaux soulève des questions encore plus complexes. Il est presque insupportable de regarder ces émissions montrant des animaux rendus malades et sacrifiés par la science. Mais combien plus insupportable serait-il de voir nos semblables mourir de maladies pénibles que les expériences sur les animaux auraient pu facilement prévenir? S'opposer à ces expériences par principe est chose aisée, mais il en va autrement lorsque la vie d'êtres chers est en jeu.

L'amour ne fait pas bon ménage avec le jugement ni avec une attitude moralisatrice. Personne n'a les mains parfaitement propres. Aucune opinion n'est entièrement juste. Chaque fois que le meurtre est en cause, même les gens qui accueillent les sept invitations avec une égale passion peuvent défendre des points de vue différents. Est-ce confusion? folie? Ce l'est, jusqu'à un certain point, pour tous ceux qui cherchent à croître dans la compassion. Qu'a alors à offrir la sagesse de l'amour?

Face au fait que vivre implique enlever la vie, l'amour, comme toujours, recommande l'acceptation. En vous ouvrant au tueur que vous êtes, vous pouvez tuer en toute conscience et déterminer, selon vos propres critères, ce qui est une mort nécessaire et ce qui est une mort évitable.

Pour un cœur ouvert, toute vie est sacrée. Toute vie que vous enlevez est digne de respect et de gratitude, qu'il s'agisse de la mauvaise herbe que vous arrachez, de la mouche que vous écrasez et de la souris que vous capturez. Si vous ne pouvez aimer ce que vous tuez, c'est que, pour une raison quelconque, vous êtes fermé : il y a là une résistance importante qu'il vous faut reconnaître et libérer.

Toute vie enlevée en votre nom est également digne de respect et de gratitude. Cela comprend les aliments dans votre assiette, la chemise sur votre dos et le bois dans votre cheminée. Quand et comment vous exprimez votre gratitude est une décision qui vous appartient. Mais, chaque fois que vous le faites, il s'agit d'un rituel sacré. Vous favorisez l'équilibre du monde et y trouvez votre place en même temps.

Comment offrir de l'aide ?

L'aide véritable est exempte de résistance.

Que devrais-je faire pour aider le monde? Une fois que vous avez accepté les sept invitations et que vous cherchez à répandre l'amour et la compassion partout où il en faut, c'est la question fondamentale. Mais il existe une autre question, plus importante: *Comment vais-je me sentir dans cela?* Au lieu de porter sur les stratégies et les méthodes, cette exploration concerne votre système de référence et votre compréhension de vous-même.

Supposons qu'un de vos bons amis traverse une période de désespoir. Vous souffrez de le voir ainsi et, bien sûr, vous voudriez l'aider. Mais pourquoi, au juste? Est-ce pour qu'il n'ait plus mal ou pour que *vous* n'ayez plus mal? Reconnaître les deux possibilités constitue la première étape dans l'avènement de la compassion véritable. La seconde étape, avant de vous avancer davantage, consiste à rechercher une possible résistance dans votre réaction.

Nous avons examiné plus haut plusieurs formes de résistance à la souffrance collective, mais quand la souffrance se trouve si près de vous, votre réaction peut être beaucoup plus simple. Il se peut que vous résistiez au ressenti de la douleur que provoque la détresse de votre ami. Cela peut vous porter à agir de manière réactionnelle, à essayer de pousser votre ami vers un état d'esprit plus joyeux. Si c'est le cas, ce qui, à la surface, ressemble à de l'attention pourrait, en fait, ajouter l'insulte à l'injure.

Au lieu d'agir de manière réactionnelle, vous pourriez décider de faire face à votre résistance. Vous pourriez localiser et sentir toute la douleur provoquée par le désespoir de votre ami. Opter pour cette solution poserait les jalons d'une véritable communion. Cela pourrait vous faire renoncer à lui prodiguer des conseils et vous porter à l'écouter. Vous pourriez apprendre que sa dépression ne constitue pas tant une crise qu'une phase d'un cycle naturel. Vous pourriez découvrir que le simple fait de formuler des questions, au lieu d'imposer votre programme, suffit pour le sortir de là. Ou, après que tout a été dit et accompli, il pourrait réagir à un mot d'encouragement sincère.

Imaginez maintenant que votre ami soit l'artisan de ses malheurs. Peut-être a-t-il trompé sa femme et détruit son mariage. Dans ce cas, votre réaction à son désespoir pourrait être étroitement liée à votre perception de l'infidélité. Si vous la désapprouvez, votre ton pourrait être empreint d'hostilité. Ou peut-être que, inconsciemment, vous donneriez à votre ami des conseils qui viseraient moins à l'aider qu'à l'amener à avoir des remords.

Un comportement de ce genre viendrait d'une résistance et ne rendrait évidemment pas service à votre ami. En effet, qu'y a-t-il de plus éloigné de l'amour qu'un blâme déguisé en soutien ? D'un autre côté, qu'y a-t-il de plus semblable à l'amour que de vous ouvrir avec une complète innocence ? Imaginez que vous soyez capable de dire : « Je veux être le meilleur ami possible pour toi, mais je dois admettre que cette situation me trouble au plus haut point. Je travaille là-dessus. Entre-temps, si mes propos te paraissent tendancieux ou réactionnels, je t'en prie, fais-le-moi savoir immédiatement. » Bien sûr, vous pourriez juger que votre ami est pour le moment trop fragile pour entendre une telle confession. Si c'est le cas, vous pouvez néanmoins vous rappeler constamment cette pensée.

Des deux exemples présentés, nous pouvons tirer les deux plus importantes directives en matière de soutien. Tout d'abord, efforcez-vous de déceler toute résistance possible dans votre perception d'une situation extérieure donnée. Cela crée un rapport d'égalité plutôt qu'un rapport de supériorité, et c'est précisément ce qui fait que le travail sur vous-même et le travail sur le monde constituent un seul et même travail. Deuxièmement, avant d'offrir quelque aide que ce soit, imaginez-vous dans le rôle de celui qui la reçoit.

Au lieu de vous mettre dans la peau du destinataire, imaginez que la situation soit réellement inversée et que ce soit à vous que s'adresse cette aide. Allouez assez de temps à cet exercice, de sorte que toutes vos identités puissent vraiment intervenir, de la plus familière à la plus méconnue, de la plus manifeste à la plus dissimulée. S'il se trouvait quoi que ce soit pouvant heurter une seule de vos identités, ou l'incitant inutilement à résister, alors attendez et réfléchissez davantage sur la situation.

Pensez à la dernière fois que vous avez aidé ou conseillé quelqu'un. Était-ce à la hauteur des deux directives définies précédemment ? Sinon, recréez la scène en vous et examinez votre réaction. Si vous ne respectiez pas la première directive, voyez alors si vous pouvez identifier la résistance qui embrouillait votre perception. Si vous ne respectiez pas la seconde, prenez un moment pour ressentir ce que vous, dans tous vos aspects, auriez alors senti à la place de l'autre. Une fois cette exploration complétée, imaginez-vous offrant la même aide ou prodiguant le même conseil de nouveau. Le contenu et le ton sont-ils différents ? Se peut-il que votre aide soit plus efficace ?

Une fois que vous suivez ces directives dans votre vie personnelle, vous pouvez les appliquer en société. Pour illustrer, prenons le sujet de la réforme de l'aide sociale. Pour survivre, les personnes pauvres dépendent de vous en tant que contribuable. Votre réaction face à leurs besoins est en grande partie déterminée par votre réaction face à vos propres besoins. Éprouvez-vous de la difficulté à demander de l'aide ? Dépendre des autres vous semble-t-il mal ou honteux ? Si oui et si vous résistez à ces sentiments, cela peut vous faire agir de manière réactionnelle en dénigrant les bénéficiaires de l'aide sociale. Vous pourriez alors approuver des réductions substantielles des prestations. Votre position sur l'aide sociale peut aussi être influencée par la manière dont vous voyez la richesse et la prospérité. Vous sentez-vous coupable d'être un privilégié ? Si oui, la résistance à ce sentiment de culpabilité peut vous porter à entretenir une vision très romantique des pauvres et vous pourriez approuver une forte hausse des prestations.

Vous affranchir de vos résistances possibles par rapport à la dépendance ou à la prospérité vous aiderait à jouer un rôle clair et empreint de compassion dans le cadre de la réforme de l'aide sociale. Pour y arriver, il vous faudrait vous ouvrir à toutes les émotions associées et rechercher tout jugement partial sur vous-même ainsi que toute croyance fondamentale contraignante qui pourraient les voiler. Si ces émotions ont besoin d'un coup de pouce pour bouger, vous pourriez les personnifier de la même manière que vous avez personnifié l'hostilité à la section «Danser dans le noir» (p. 240). Vous pourriez aussi chercher dans votre passé tout événement traumatisant qui aurait pu rétrécir votre vision sur ce sujet et ensuite laisser ces souvenirs se déployer et vous libérer. Finalement, vous pourriez accorder l'espace nécessaire à toute identité en vous que ce sujet interpellerait plus particulièrement. Au besoin, vous pourriez personnifier ces identités dans un complet abandon, tout comme vous avez appris à le faire pour les émotions et les autres personnes.

À cette étape, vous auriez entièrement couvert la première directive et pourriez passer à la seconde. Cela veut dire que vous pourriez appliquer la première directive à toute stratégie envisagée. La meilleure stratégie est vouée à un échec presque certain si elle ne crée pas un environnement offrant des chances de succès. Si votre but n'était pas seulement de réduire le nombre des bénéficiaires de l'aide sociale, mais aussi de leur donner de réelles possibilités d'amélioration de leur sort, il vous faudrait vérifier si les personnes visées par votre politique se sentent considérées, encouragées et optimistes, ou dévalorisées, réprimandées et abattues. À cet égard, le fait de vous mettre à leur place et d'imaginer les conséquences de votre politique sur toutes vos identités favoriserait une bonne compréhension.

La prochaine fois que vous entendrez parler d'un projet touchant la société, au sujet, par exemple, du sida, de la lutte antidrogue, des sans-abri ou de l'euthanasie, ne vous contentez pas de réagir mécaniquement. Ne vous tournez pas non plus vers les éléments habituellement débattus. Évaluez plutôt l'idée à la lumière des deux directives pour offrir de l'aide et voyez si cela tient la route. Si oui et si vous êtes en faveur du projet, vous pourriez être enclin à offrir votre assistance. Dans le cas contraire, voyez si vous pouvez en découvrir la raison. Il s'agit parfois d'une simple question d'application qui ne concerne que la deuxième directive. Mais la difficulté découle souvent de la première directive.

Un projet de loi ou un programme d'action peuvent refléter la résistance d'une communauté, d'une région ou même d'un pays. Il peut également en être ainsi de l'absence de loi ou de programme. Prenons le sida, par exemple. Il a fallu que des milliers d'Américains meurent de cette maladie pour obtenir une réaction à l'échelle nationale. À cause d'une forte résistance nationale à l'homosexualité, cette épidémie s'est répandue dans l'ensemble de la population beaucoup plus rapidement qu'elle ne l'aurait dû. Il est bon de préciser ici la différence entre résistance et opposition. Tout en s'opposant à l'homosexualité en tant que style de vie, on peut tout de même en accepter la réalité et aborder les questions qui s'y rattachent avec lucidité.

Les résistances collectives influent sur la manière dont une société traite les groupes plus vulnérables. De plus, elles influent sur notre manière de traiter la terre, de définir nos ennemis et de mener nos guerres. La reconnaissance des résistances collectives vous permet d'attirer l'attention publique sur elles et de vous joindre à ceux qui ont à cœur l'établissement d'une société plus consciente et plus compatissante. Cela vous permet aussi de découvrir et de relâcher toute résistance similaire en vous. Jusqu'à un certain point, il doit y en avoir. Car, tout comme vos points de vue sur le monde reflètent votre personnalité, vous aussi êtes un reflet du monde.

Le juste combat

Le changement survient rarement sans combat.

Comment réagir avec compassion au racisme ou au sexisme? Que nous demande l'amour quand des gens sont privés de moyens de subsistance, quand ils sont torturés ou quand des populations sont décimées par le nettoyage ethnique? Comme nous en avons parlé à la section « Il faut être deux pour danser » (p. 230), dans une relation, le conflit est aussi important que désagréable. Il est également important dans la recherche d'un monde équitable. Très souvent, même si la chose semble aller contre le bon sens aux yeux des gens ouverts de cœur, il est nécessaire d'être ferme et de se battre.

Cela veut souvent dire vous opposer à ce qu'on fait en votre nom et avec vos impôts. La désapprobation d'une politique gouvernementale sans la recherche d'une solution de rechange équivaut en quelque sorte à son cautionnement. C'est pourquoi il est si important d'appuyer les candidats et les initiatives qui s'accordent avec vos opinions. Mais il arrive que voter ne suffit pas. Votre conscience vous demande de faire davantage.

Suivre votre conscience n'implique pas nécessairement un conflit. Il est possible que personne ne vous barre le chemin. Tout pourrait se dérouler facilement. Malheureusement, les forces du pouvoir et de l'argent ne sont pas souvent alignées sur celles de l'amour. Vos efforts pour amener du changement rencontreront donc probablement une résistance significative. Pour faire valoir votre vision positive, vous devrez d'abord hurler « non ».

La défense des droits civiques pour les Afro-Américains exigeait de crier « non » aux lois ségrégationnistes du système Jim

Crow. L'adoption de la loi sur la dépollution des eaux exigeait de dire « non » aux déchets toxiques. Mais le « non » qui réussit à arrêter l'injustice n'est ni amer ni vindicatif. Il est plutôt stimulant et énergisant, exactement ce que veut l'amour.

Qu'est-ce qui provoque en vous un « non » compatissant ? Quel sujet vous porte vraiment à l'action sociale positive ? Examinez soigneusement la liste qui suit, un élément à la fois, et voyez s'il s'en trouve un qui vous interpelle. Soyez attentif aux réactions de votre corps. Surveillez la nature de vos pensées. Quel sujet de cette liste, peu importe votre position, vous stimule assez pour que vous souhaitiez du changement ?

Armes à feu
Armes nucléaires
Changements climatiques
Déforestation
Discrimination
Drogues
Droits de la personne
Éducation
Énergie
Exploitation des ouvriers
Faim
Itinérance
Manipulations génétiques
Mines antipersonnel
Pauvreté
Pollution
Prisons
Responsabilité corporative
Sida
Soins de santé
Surpopulation
Violence conjugale

Si aucun de ces sujets ne vous passionne, cherchez-en d'autres qui éveillent votre intérêt. Notez aussi les sujets sur lesquels vous désirez vivement obtenir plus d'informations. L'unique obstacle qui vous empêche encore de lutter pour du changement est peut-être un léger manque d'information. Combien de temps seriez-vous prêt à consacrer chaque mois pour en apprendre davantage? Une heure? Deux heures?

La plupart d'entre nous ne sont pas comme John Wallach. Notre compassion ne prend pas la forme d'une vision bouleversante du genre de celle qui a donné naissance au programme *Semences de paix*. Après avoir découvert les sujets qui enflamment notre cœur, nous cherchons à actualiser de petits projets et à réaliser le changement par étapes. Par exemple, au lieu de tenter de sauver toutes les forêts, nous commençons par une seule. Le premier pas consiste habituellement à nous unir avec des personnes pénétrées des mêmes convictions. En plus du soutien moral et de la force évidente du nombre, le travail en groupe nous permet de nous faire des amis, de bâtir une communauté et surtout de nous amuser. Le regroupement nous permet aussi de répartir les tâches et de nous concentrer sur celles qui nous conviennent davantage.

Une lutte sérieuse pour du changement implique d'interminables recherches et beaucoup de correspondance. Elle implique des batailles juridiques, du recrutement, du financement et d'innombrables réunions. Il y a toujours une façon de participer, peu importe notre disponibilité et nos compétences. Même en cas d'échec de tous les efforts et de désobéissance civile du groupe, ce n'est pas tout le monde qui se retrouve sur le front. Ceux qui ne désirent pas s'exposer à une arrestation peuvent toujours confectionner des bannières, transporter des fournitures, prendre des dispositions pour le versement des cautions ou maintenir les liens avec les médias.

Rien de tout cela n'est facile. Dire la vérité aux autorités exige un grand courage. Assumer les conséquences implique de grands sacrifices. En pleine action, il est encore plus difficile de faire face à l'adversaire avec un cœur ouvert. Pour y arriver, les sept invitations sont nécessaires, avec tous les outils qu'elles proposent. Il est particulièrement utile de revoir les exercices de la section « La compassion » (p. 269). Mais, en fin de compte, rien n'est plus utile que de se recentrer sur notre seul et unique but premier : demeurer réceptif au moment présent et à l'amour qui y réside éternellement. Avec le temps, sans qu'il soit besoin de s'y attacher ou de le diriger, cet amour englobe tout.

Peu importe le défi qu'elle lance, la lutte pour un monde meilleur nous apporte plus que ce que nous y mettons. Lorsque nous nous battons pour une cause juste, notre cœur chante. Quand nous nous battons aux côtés d'autres personnes, la chorale grandit. Quand une multitude s'assemble, l'harmonie devient un tonnerre vivant. Finalement, nous en venons à saisir que l'amour a beau être la plus grande force sur terre, il ne peut rien accomplir sans nous.

Un cœur embrasé

Rien ne peut éclipser la lumière de l'amour.

Il arrive que, quelle que soit l'importance de la cause, nous ne voulions pas nous battre. Nous voulons nous réjouir dans l'unité ressentie plutôt que de combattre la division perçue. Nous voulons vivre une vie tranquille et pleine d'amour, causer le moins de tort possible et laisser aux autres les colossaux tourments du monde. Souvent, surtout si notre route vers l'amour a été longue et ardue, tout ce que nous souhaitons, c'est arrêter, nous reposer et nous retirer.

Vous sentez-vous ainsi de temps à autre? Vous arrive-t-il de laisser le journal du matin sans le lire ou de changer de chaîne à la télé pour éviter les nouvelles? S'occuper de soi et se refaire sont des aspects essentiels d'une vie équilibrée et saine, mais cela peut aussi devenir une habitude anesthésiante. Sous le bombardement de la culture contemporaine, nous pouvons prendre l'habitude de décrocher. Nous pouvons devenir des accros du confort et, ce faisant, préférer le contentement de soi à l'amour.

Ce discours peut sembler vouloir vous exhorter à être plus fort et à accomplir plus de choses, mais en fait ce n'est pas le cas. Une fois que vous avez accepté les sept invitations, l'amour n'est plus un travail pénible. La redécouverte de votre nature véritable chargée d'amour est complète. Vos actes se mettent à refléter cela sans effort. Tout ce qui vous est demandé à partir de là, même dans les moments les plus redoutables, c'est d'abandonner votre volonté et de suivre votre cœur.

Dans ce contexte, l'abandon signifie que vous sollicitez sans cesse votre cœur. Cela veut dire littéralement que vous orientez toute votre attention vers la source de l'amour en vous et laissez ensuite cet amour mener la barque de votre vie. Lorsque vous vivez ainsi, l'action juste irradie directement à partir de l'amour ou il retentit fortement de l'intérieur. Cela s'applique à votre intention globale, celle qui vous porte à aller de l'avant, ainsi que nous en avons parlé dans la section «Vivre lucidement» (p. 196); mais cela s'applique aussi aux petits moments apparemment moins significatifs de la vie. Cela s'applique plus particulièrement quand vous vous sentez enclin à l'incurie. L'abandon lui-même stimule la résolution qui vous fait défaut. À sa suite, l'amour montre le chemin et il accomplit le travail; vous en êtes le vaisseau vivant.

L'idée que l'amour est sans effort nécessite une explication minutieuse, surtout que toutes les invitations vous ont encouragé, l'une après l'autre, à croître davantage. Il ne fait aucun doute que, pour en arriver là, vous avez accepté de faire de grands efforts, mais tout cela ne concernait que la suppression des obstacles, y compris l'obstacle que vous êtes vous-même. Par conséquent, la plus grande partie de vos résistances habituelles se sont relâchées. Vous reconnaissez donc presque immédiatement toute nouvelle forme de résistance et pouvez passer aisément à travers ce qu'elle voile.

Grâce à votre engagement permanent envers ce processus, il vous est plus facile d'arrêter d'essayer et de vous reposer dans l'amour, comme nous en avons parlé à la deuxième invitation, dans la section «Une profonde respiration» (p. 81). Ce faisant, vous éliminez la majeure partie des interférences entre votre cœur et vous. Vous êtes désormais capable de discerner la direction où vous porte votre cœur et d'y faire confiance. En retour, votre cœur peut vous aiguillonner et vous soutenir en même temps. Dans l'accomplissement de cette mission, il ne vous demandera pas l'impossible. Il ne vous retirera pas ce qu'il ne vous fournit pas.

Pensez à un moment de votre vie où un être cher avait besoin d'une aide qu'il vous semblait impossible d'offrir. Peut-être étiez-vous malade et déjà débordé vous-même, mais refuser n'était pas une option pour vous. Vous avez réussi à tendre la main. Vous avez réussi tous les deux. Même si cette offrande semble avoir été un triomphe de la volonté, c'était en fait celui de l'amour. C'est l'amour qui a engendré la volonté. Ce miracle, naguère volatil, peut désormais caractériser votre manière habituelle de vivre.

Pour en faire directement l'expérience, essayez ce qui suit. Prenez un journal et lisez tous les articles concernant des problèmes sociaux ou des crises sociales. Laissez venir et partir toutes vos résistances sur chaque sujet, laissez venir et partir tous vos sentiments, puis interrogez votre cœur. Il suggérera parfois uniquement une brève prière ou de bons souhaits pour ceux qui sont concernés. D'autres fois, il vous poussera à parler de l'information avec des amis. Si le sujet est d'une portée considérable, comme le réchauffement climatique, votre cœur vous inspirera peut-être de petits gestes, comme régler le thermostat plus bas ou acheter une voiture moins gourmande. Dans certains cas, votre cœur peut s'enflammer, ce qui indique le besoin d'apporter une contribution plus directe et prolongée.

Si ce genre de contribution dépasse vos réserves d'énergie, demandez-en davantage à votre cœur. N'exercez aucune pression. Attendez que l'énergie se manifeste. Elle le fera inévitablement. Quand le projet piétine et que votre énergie faiblit, demandez-en encore plus. Quand vous avez trop souvent besoin de demander, revenez à l'appel originel de votre cœur. Peut-être a-t-il changé. Il est peut-être temps d'investir votre énergie ailleurs.

Pendant la rédaction de ce livre, comme je l'ai dit dans l'introduction, j'ai dû écouter mon cœur. Maintenant que le livre est presque terminé, il est temps d'ajouter quelque chose. Le processus d'écriture a été souvent très pénible. Je me suis senti petit devant cette responsabilité. Il se passait des jours, même des semaines, sans qu'aucun mot ne vienne, ou alors les mots ne me semblaient pas dignes de l'idéal de mon cœur. Comme je suis une personne habituée à serrer les mâchoires et à résoudre les problèmes à force de persévérance, je réagissais à ces périodes stériles en redoublant d'effort. Cela ne fonctionnait jamais et empirait habituellement les choses. Mais en cours de route, en tenant compte des sept invitations à mesure que je les décrivais, j'ai appris à cesser d'essayer. J'ai appris à concentrer toute mon attention sur mon cœur, à m'y abandonner sans pression ni exigence de ma part. Ce faisant, les mots justes me venaient sans arrêt. Plus je devenais un grand vaisseau pour l'amour, plus celui-ci montait.

Bien sûr, je ne détiens pas l'exclusivité de cette découverte. Elle a été le thème sous-jacent de chaque page de ce livre. Loin de constituer quelque chose à créer, l'amour est infini et toujours présent. Loin de constituer quelque chose à donner ou à recevoir, il s'offre dans un cœur ardent.

Quand votre cœur brûle, il peut brûler tous les obstacles. Aucune somme de compassion, de dévouement ou de lutte n'échappe à ses flammes. Chaque fois que vous commencez à en douter, à vous écarter de la lumière, rappelez-vous simplement :

Tout ressentir
Tout remettre en question
Ne résister à rien
Vivre comme si vous mouriez
Vivre comme si vous rêviez
Aimer comme si vous dansiez
Élargir votre monde

En acceptant chacune des invitations de l'amour, vous lui offrez votre propre invitation.

L'ACCEPTATION DE LA SEPTIÈME INVITATION

Au mieux de mes capacités actuelles en évolution, je suis résolu à :

- reconnaître l'interdépendance générale ;
- surmonter mes blocages par rapport à la compassion ;
- causer le moins de tort possible ;
- honorer les vies que je supprime ;
- suivre les directives concernant l'aide que j'apporte ;
- devenir une force au service du changement nécessaire ;
- abandonner ma volonté et suivre mon cœur.

Bénédiction

Que votre présence s'approfondisse toujours.

Que votre exploration ne cesse jamais.

Que votre cœur accueille la moindre parcelle
de toutes choses que Dieu a créées.

Puissiez-vous vivre comme si vous mouriez :
éveillé, embrasé.

Puissiez-vous vivre comme si vous rêviez :
entouré de miracles.

Puissiez-vous exploser de lumière d'amour, dans le miroir
de ceux qui vous sont chers.

Et que les étincelles pleuvent sur un monde
exempt de division.

Remerciements

Ce livre est un hommage au sujet même dont il traite. Sa réalisation n'aurait pas été possible sans l'amour et le soutien d'innombrables personnes. Certaines font partie de ma famille et du cercle de mes amis; j'ai rencontré les autres brièvement à l'occasion d'entretiens, d'ateliers et d'entrevues privées. Tous les contacts à cœur ouvert au cours des dernières années, même ceux qui semblaient rapides, m'ont touché de manière indélébile et ont contribué à faire naître ces invitations. À vous tous qui m'avez accueilli ainsi, j'exprime ma gratitude éternelle.

Je remercie tout spécialement ceux et celles qui ont veillé au manuscrit, de sa conception à son achèvement. En premier lieu, je remercie Amy Elizabeth Fox, qui a entendu la musique avant même l'apparition des instruments et qui s'est assurée que tout le monde l'entendait aussi. Je suis également reconnaissant envers Eileen Cope, de Lowenstein Associates, une agente dévouée qui sait ouvrir les portes. Je ne voudrais pas non plus oublier Marta-Maria Marraccini, qui a écouté et réécouté, lu et relu, et qui m'a merveilleusement soutenu durant des mois, alors que j'avais peu à lui offrir en retour.

En plus de ces personnes, mon comité d'affables et judicieux lecteurs comprenait Astara Briski, Lynda Harvey, Terry Patten, Kate Taylor et Jane Waxman. Je leur suis reconnaissant de m'avoir renvoyé à ma table chaque fois que le texte n'était pas à la hauteur. Josh Baran, comme toujours, fut mon indéfectible champion. Joel Heller insista tout particulièrement sur la simplicité et la clarté.

Rever
que jetais
aveugle